人文体育

主　编　李艳萍　潘金星　王　栋

副主编　宋名芳　孙林峰　雷晔华　刘仕侠

中南大学出版社
www.csupress.com.cn

·长沙·

图书在版编目（CIP）数据

人文体育／李艳萍，潘金星，王栋主编. --长沙：
中南大学出版社，2024.8.
ISBN 978-7-5487-5906-5

Ⅰ．G80-05

中国国家版本馆 CIP 数据核字第 2024Z6S815 号

人文体育
RENWEN TIYU

李艳萍　潘金星　王　栋　主编

□出 版 人	林绵优	
□责任编辑	唐天赋	
□责任印制	唐　曦	
□出版发行	中南大学出版社	
	社址：长沙市麓山南路	邮编：410083
	发行科电话：0731-88876770	传真：0731-88710482
□印　　装	湖南省众鑫印务有限公司	

□开　　本	710 mm×1000 mm 1/16	□印张 14.25	□字数 190 千字
□版　　次	2024 年 8 月第 1 版	□印次 2024 年 8 月第 1 次印刷
□书　　号	ISBN 978-7-5487-5906-5	
□定　　价	42.00 元	

前 言

FOREWORD

　　党的二十大报告明确提出了"推进文化自信自强，铸就社会主义文化新辉煌"这一文化建设的重要任务，深刻阐明了文化在新时代新征程中的地位和作用。这为全面加强和改进新时代学校体育工作指明了前进方向。

　　体育文化是民族精神和时代精神的重要组成部分，是激励每个中国人奋发向上的强大精神力量。我国的体育文化历史悠久、内涵丰富，在践行社会主义核心价值观、弘扬中华民族传统美德等方面具有独特的价值和作用，是体育课程思政内容供给的宝藏。

　　为深入贯彻落实党的二十大精神和习近平总书记关于体育的重要论述，我们依据《高等学校课程思政建设指导纲要》的目标要求和内容重点，以中华体育精神、爱国主义精神及体育强国梦为主线选题选材，深挖体育文化中蕴藏的思政元素，组织编写了这本《人文体育》。

　　本书讲述了中华儿女在建设体育强国的伟大征程中，践行体育精神、勇担时代重任的感人故事。这些故事不仅是个人奋斗的记录，而且是中国体育发展的缩影，还是中华体育精神的写照。希望通过本书，同学们能重温那些感人至深、催人奋进的传奇故事，并从中汲取前行的力量，以奋斗者的姿态，在实现中华民族伟大复兴中国梦的征程中不懈奋斗、砥砺前行。

本书在编写过程中，参考并汲取了许多专家和学者的成果，在此表示感谢！由于时间仓促，难免存在一些疏漏之处，敬请专家和读者批评指正，以便在今后的修订中进一步完善。

目　录

CONTENTS

汲取榜样力量　勇担时代重任

弘扬体育精神
奏响时代强音

伟大事业孕育伟大精神，伟大精神引领
伟大事业。体育精神是中国精神的一个缩影，
也是实现中华民族伟大复兴的力量源泉。

中华体育精神

人无精神则不立，国无精神则不强。精神是一个民族赖以长久生存的灵魂，唯有精神上达到一定的高度，这个民族才能在历史的洪流中屹立不倒、奋勇向前。中华体育精神是中华民族传统美德在体育方面的展现，是中国共产党人精神谱系的重要组成，是中华民族精神在特定历史时期的丰富与发展。中华体育精神反映着中国体育的价值导向和文化追求，不仅是中国体育的灵魂，也是中华民族宝贵的精神财富。

中华民族精神的缩影

从容国团夺得中国首个世界冠军的那一刻起，中国体育健儿就开始了他们在世界舞台上的辉煌征程。当容国团豪迈地喊出"人生能有几回搏"时，他的声音似乎穿越了时空，激荡在每一个中国人的心中。这是一种勇气，一种决心，更是一种精神的力量。

当许海峰扣动扳机，射落中国第一枚奥运金牌的那一刻，全世界都看到了一个自信、开放的中国。这一枪，不仅仅是许海峰个人的胜利，更是中华民族精神的胜利。

一代代中国运动员以他们奋发拼搏的身姿，向世界展示了中华体育精神的深刻内涵："为国争光、无私奉献、科学求实、遵纪守法、团结协作、顽强拼搏"。这些品质，不仅是体育精神的体现，还是中华民族精神的缩影。

精神之火，照亮复兴之路

中华体育精神，是激励全党全国各族人民奋勇前行的强大动力。它为我们夺取新时代中国特色社会主义伟大胜利、实现中华民族伟大复兴提供了精神支撑。

在体育强国建设的道路上，中华体育精神为我们指明了前进的方向。它教导我们，要以科学求实的态度面对挑战，以团结协作的精神战胜困难，以顽强拼搏的意志追求卓越。这一切，不仅仅是中国体育事业发展的需要，更是国家建设和民族复兴的必由之路。

中华民族的复兴，犹如一场接力跑。一代代人将这个使命传递下去，用汗水和努力书写历史新篇章。站在"两个一百年"的历史交汇点上，我们肩负着实现中华民族伟大复兴的重任。在这场接力跑中，中华体育精神将成为我们前行的动力，激励我们不断奋进，一棒接一棒地跑下去。

弘扬体育精神，凝聚民族力量

体育，不仅是一项运动，还是一种文化、一种精神的象征。体育运动中所展现的顽强拼搏、团结协作，正是中华民族精神的生动写照。弘扬中华体育精神，就是在凝聚民族力量，汇聚前行的动力。

让我们以中华体育健儿为榜样，将他们身上展现的宝贵品质内化于心、外化于行，在工作中，以科学求实的态度面对挑战；在生活中，以团结协作的精神战胜困难；在追梦路上，以顽强拼搏的意志追求卓越。

当中华体育精神成为每一个中国人的价值追求、成为我们生活的一部分时，我们就拥有了前行的力量。这股力量，将推动我们不断向前，让我们在实现民族复兴的道路上奋勇争先。

体育强国梦，民族复兴魂

建设体育强国，是中华民族伟大复兴的重要组成部分。在这个过程中，中华体育精神将发挥着不可或缺的作用。它不仅仅是体育事业发展的灵魂，更是民族复兴的精神支柱。

每一个体育健儿的拼搏，每一次国旗在赛场上升起，都在向世界传递着这样的信念：中国正在崛起，中华民族正在走向复兴！这种信念，将鼓舞和激励更多的中国人为实现民族复兴的梦想而不懈奋斗。

让我们高举中华体育精神的旗帜，将其融入民族复兴的伟大事业中。以体育的力量，凝聚民族的力量；以体育的精神，激励复兴的精神。在这场接力跑中，我们每一个人都是参与者，都是奋斗者。只要我们弘扬中华体育精神，团结一心，奋力拼搏，就一定能够实现体育强国的梦想，就一定能够实现中华民族伟大复兴的中国梦。

中华体育精神，是民族的灵魂，是复兴的力量。让我们携手并进，用这股精神的力量，书写中华民族新的辉煌篇章。在体育的赛场上，在民族复兴的道路上，中华儿女必将奋勇向前，创造属于我们这一代人的历史伟业。

明体达用

中华体育精神是中华民族宝贵的精神财富，对当代大学生的成长成才具有重要意义。大学生要传承和弘扬中华体育精神，将其转化为砥砺奋进的精神动力，在实现中国梦的伟大实践中谱写青春华章。

1. 培养爱国主义情怀

中华体育精神的核心是为国争光、无私奉献的爱国主义精神。从刘长春不畏艰险、为国出征，到女排、女足等一代代运动员在赛场上顽强拼搏、为国争光，都彰显了深厚的爱国情怀。当代大学生要继承和发扬这种爱国主义精神，把个人理想融入民族复兴的伟业之中。

2. 锤炼意志品质

中华体育精神包含了中国体育健儿顽强拼搏、永不言败的意志品质。体育锻炼能培养大学生坚忍不拔的意志、艰苦奋斗的精神及抗挫折的能力。大学生要以体育健儿为榜样，在学习、生活和未来事业中锤炼自身的意志品质。

3. 提升综合素质

中华体育精神所倡导的团结协作、公平竞争、遵纪守法等，有助于提升大学生的道德修养和综合素质。体育不仅仅能强身健体，更能塑造人格。大学生要通过体育锻炼，在强健体魄的同时，提高思想境界和综合素养。

4. 坚定文化自信

中华体育精神是中华优秀传统文化在体育领域的体现，是民族精神的生动写照。弘扬中华体育精神，有助于坚定文化自信。当代大学生要从中华体育精神中汲取民族精神力量，坚定对中华文化的认同和自信。

5. 激发奋斗热情

中华体育精神是激励全民族不断进取、开拓创新的动力源泉。体育健儿们为国争光的事迹，激励着一代代青年奋发图强。新时代大学生要以此为动力，在实现民族复兴的新征程中贡献青春力量。

乒乓精神

被誉为"国球"的乒乓球，对国人而言，不仅是一项风靡全国的运动项目，还和国家命运紧密相连，陪伴着国人见证了新中国体育事业的发展历程，见证了时代变迁的历史印迹。

乒乓精神，中华体育的灵魂

乒乓球能在中国生根发芽，成为国球，离不开它所蕴含的深厚文化内涵和精神内核。有人说，乒乓球"富有中国心、饱含中国情、充满中国味"。

在新中国体育事业的发展历程中，乒乓球在中华大地上孕育出了独特的乒乓精神。这种精神，包括为国争光的爱国情怀、团结合作的集体主义、自强不息的优秀品质、顽强拼搏的奋斗精神等。乒乓精神展现了中国人民团结一心、自强不息的民族品格，彰显了中华文化博大精深、兼收并蓄的独特魅力。

正是这种精神，支撑着一代又一代的乒乓健儿在国际赛场上奋勇拼搏，为国争光。正是这种精神，凝聚起全国人民的力量，为中国体育事业的发展提供了不竭动力。

为国争光，乒乓健儿的使命

1959 年，第 25 届世界乒乓球锦标赛在联邦德国多特蒙德举行。在男单决赛中，中国选手容国团面对"九冠王"、匈牙利名将西多的挑战。

比赛异常激烈，双方争夺到了第五局。关键时刻，容国团发挥出色，以 21∶18 击败对手，夺得冠军，成为新中国成立后的首个世界冠军。

这一胜利，不仅仅是体育赛场上的胜利，更是新中国站起来、挺起胸膛面对世界的胜利。它向世界宣告，中国人民从此站起来了，中国体育从此走向了世界舞台的中央。

容国团的胜利，敲开了通往体育强国之路的大门。此后，在为国争光的道路上，一代又一代的乒乓健儿前赴后继，谱写了一曲曲可歌可泣的乒乓赞歌。

从庄则栋到李富荣，从张燮林到邓亚萍，从刘国梁到马龙……中国乒乓一直都是世界乒坛的中流砥柱，始终屹立在世界之巅。

为国争光，成为中国乒乓人的使命，成为一代又一代乒乓健儿的不懈追求。

团结合作，乒乓力量的源泉

乒乓球，是一项看似简单，实则蕴含了丰富战术和团队合作的运动。在乒乓赛场上，团结合作的力量，往往能创造出奇迹。

1961 年，第 26 届世界乒乓球锦标赛在北京工人体育馆举行。这个体育馆，是万名志愿者仅用 11 个月左右的时间于 1959 年建成的，它承载着中国人民的智慧和汗水。

在这个见证奇迹的地方，中国队迎来了与日本队的对决。日本队以弧圈球技术著称，一度占据上风。但中国队并没有退缩，他们发扬团结合作的精神，最终力克日本，包揽男单、女单、男团三项冠军。

这个胜利，不仅属于中国乒乓队，也属于全体中国人民。它给正处于困难时期的中国人民带来了巨大鼓舞，展示了团结就是力量的真理。

此后，团结合作，成为中国乒乓的制胜法宝。无论是双打比赛中的默契配合，还是团体赛中的众志成城，中国乒乓球队始终展现出强大的凝聚力和向心力。

正是凭借这种团结合作的力量，中国乒乓才能一次次创造奇迹，书写辉煌。

自强不息，乒乓精神的内核

中国乒乓的发展历程中，有过辉煌，也有过低谷。但无论处于怎样的境地，中国乒乓人始终秉承着自强不息的精神，以坚韧不拔的意志，迎接每一次挑战。

20 世纪 80 年代末，中国乒乓遭遇了前所未有的困境。在第 40 届世界乒乓球锦标赛上，中国队获得的冠军数比往届要少，中国乒乓遭遇重创。

面对困境，蔡振华毅然挑起了重振国球的重任。他带领中国乒乓队发扬自强不息的精神，大胆改革，勇于创新，最终带领中国队重返巅峰，开创了中国乒乓新的辉煌。

自强不息，是中国乒乓精神的内核，是一代代国球健儿的精神写照。从容国团到马龙，从邓亚萍到陈梦，中国乒乓人用自己的努力和汗水，诠释着何为自强不息。

他们或许会遇到挫折，但从不言弃；他们或许会遭遇困难，但从不退缩。正是凭借这种精神，中国乒乓才能在逆境中重生，在挑战中成长，不断创造新的辉煌。

乒乓，中国外交的名片

今天，乒乓球已经成为中国的一张闪亮名片。它不仅仅代表着中国体育的最高成就，更承载着中华民族的追求和梦想。

从"乒乓外交"到"乒乓外交 2.0"，乒乓球在促进中外交流、传播中华文化方面发挥着独特作用。它已经成为连接中国与世界的桥梁，成为中国软实力的重要标志。

展望未来，中国乒乓仍然任重道远。在新的历史起点上，国球健儿们将继续发扬乒乓精神，继续在世界赛场上为国争光，为民族争光。

同时，乒乓球也将肩负起更大的责任，为全民健身、为体育强国建设贡献力量，为实现中华民族伟大复兴的中国梦而不懈奋斗。

乒乓球，不仅仅是一项运动，更是一种精神、一面旗帜。它凝聚着中华儿女的梦想，展现着中国精神的风采。

让我们为这一代又一代的乒乓健儿喝彩，让我们为中国乒乓的辉煌成就自豪。乒乓精神，中国精神，必将激励我们在新的征程上奋勇前行，谱写更加辉煌的篇章！

明体达用

乒乓精神是当代大学生的宝贵精神财富。大学生要从乒乓健儿身上汲取力量，将乒乓精神内化于心、外化于行，在实现中国梦的新征程中拼搏奋进，书写无愧于时代的青春篇章。

1. 培养爱国主义精神

乒乓精神的核心是为国争光的爱国主义精神。从容国团夺得新中国首个世界冠军到一代代国乒队员在世界赛场上奋勇拼搏，都展现了他们的爱国主义精神。当代大学生要继承和发扬这种爱国主义精神，把个人理想融入民族复兴的伟业之中。

2. 弘扬团结协作精神

团结协作是乒乓球项目的制胜法宝，也是乒乓精神的重要内涵。1961年中国队战胜日本队的胜利，正是团结协作的力量体现。这启示当代大学生要发扬集体主义精神，增强团队意识，在学习和未来工作中善于合作共赢。

3. 磨炼意志品质

自强不息是乒乓精神的内核。中国乒乓经历过低谷，但国乒队员始终顽强拼搏、永不言弃。这种自强不息的精神，是当代大学生成长成才必须具备的宝贵品质，需要在学习和生活中不断培养。

4. 勇于创新进取

改革创新是中国乒乓保持优势的关键。面对困境，中国乒乓敢于改革创新，最终实现绝地反击、重返巅峰。这启示当代大学生要勇于突破自我，在学业和未来事业中敢于创新，以改革创新精神应对挑战。

5. 传播中华文化

乒乓球是中国的国球，承载着中华文化基因，已成为中国文化软实力的名片。通过"乒乓外交"等，乒乓球为中外文化交流架起了桥梁。这启示当代大学生要自觉传承和弘扬中华优秀文化，增强文化自信，讲好中国故事。

女排精神

在福建漳州的一个体育训练基地里，有一座名为"腾飞纪念馆"的建筑。走进馆内，映入眼帘的是一面挂满照片的冠军墙，那是中国女排历年来夺冠的珍贵瞬间。墙上还陈列着当年训练用的护膝和球衣，仿佛在向人们诉说着一段光辉的历史。

竹棚起步，筑梦高峰

早在 20 世纪 80 年代，中国女排就在这里开始了艰苦卓绝的训练生涯。那时的训练条件十分简陋，姑娘们常常"滚上一身泥，磨去几层皮"。但正是在这样的环境中，她们练就了过硬的技战术，磨炼了顽强的意志品质。

1981 年，中国女排踏上第 3 届女排世界杯的征程。在决赛中，她们以 3∶2 险胜日本队，为中国"三大球"项目夺得了第一个世界冠军。

那一刻，无数中国人热泪盈眶，欢呼雀跃。这个冠军不仅为新中国体育揭开崭新一页，而且以一股昂扬的斗志向世界证明了"中国人能行"。

从 1981 年到 1986 年，中国女排连战连胜，创下世界排球史上"五连冠"的霸业。她们把困难踩在脚下，把责任扛在肩头，把理想化作风帆。这支英雄集体不仅擦亮了竞技体育的中国名片，还成为全民榜样和时代标杆。

精神不朽，力量永存

2019 年 9 月 30 日，习近平总书记在会见获得 2019 年女排世界杯冠军的中国女排代表时指出："广大人民群众对中国女排的喜爱，不仅是因为你们夺得了冠军，更重要的是你们在赛场上展现了祖国至上、团结协作、顽强拼搏、永不言败的精神面貌。女排精神代表着一个时代的精神，喊出了为中华崛起而拼搏的时代最强音。"

"学习女排，振兴中华。"这个叫了 40 多年的口号，曾激荡起无数人的内心，并凝聚起奋发进取的意志。从组建队伍到艰苦训练，再到 10 次夺得世界排球"三大赛"冠军，中国女排生动诠释了奥林匹克精神和中华体育精神，为中华民族屹立于世界民族之林添上了光彩一页。

竞技场上没有常胜将军。中国女排一路走来，也曾遭遇伤病的困扰、状态的起落、成绩的沉浮。但靠着不服输的拼劲、压不垮的韧劲，女排姑娘们总能打赢一场场翻身仗。人生不是一定会赢，而是努力去赢，这是塑造中国女排精气神的真谛。

与时俱进，再创辉煌

时代在发展，社会在进步，女排精神也在与时俱进、不断升华。从"五连冠"时期映射改革开放的时代呼唤，到新世纪初期激励广大群众在各自岗位上发光发热，再到新时代焕发强大生命力，女排精神始终与国家的发展、社会的进步同频共振。

如今，越来越多的年轻人接过传承女排精神的接力棒。在抗击新冠肺炎疫情期间，一位武汉抗疫一线的女护士为了鼓舞自己，把中国女排队长朱婷的名字写在防护服上。这个细节让人动容，也让人看到女排精神在新时代的延续与发展。

习近平总书记强调，要大力弘扬新时代的女排精神，把体育健身同人民健康结合起来，把弘扬中华体育精神同坚定文化自信结合起来，坚持举国体制和市场机制相结合，不忘初心，持之以恒，努力开创新时代我国体育事业新局面。

站在新的历史起点上，中国女排将继续发扬女排精神，刻苦训练、补齐短板、重拾信心，以冲击者的姿态，向着新的辉煌进发。她们永不低头的倔强、愈挫愈勇的风范，必将激励中国人民在实现中华民族伟大复兴的道路上接续奋斗，创造属于新时代的光辉篇章。

明体达用

历久弥新的女排精神是当代大学生成长过程中的宝贵精神财富。大学生要传承和弘扬女排精神，在实现民族复兴的伟大实践中谱写无愧于时代的新篇章。

1. 爱国主义精神

中国女排的每一次胜利，都不仅仅是女排姑娘们在体育上的成就，更是她们对祖国热爱的体现。女排姑娘们在赛场上顽强拼搏，为国争光，这种爱国主义精神深深感染了每一个中国人。对于当代大学生来说，爱国主义不仅仅是一种情感，更是一种责任。无论是在学业上还是在未来的职业生涯中，我们都应当以国家利益为重，努力为国家的繁荣和发展贡献自己的力量。

2. 团结协作精神

女排精神中，团结协作是一个重要的组成部分，中国女排始终展现出强大的凝聚力和向心力。对于当代大学生来说，团结协作同样至关重要。在团队项目中，只有每个人都发挥自己的优势，互相支持，才能取得最佳的成果。团结协作不仅能提高工作效率，还能增强团队的凝聚力和战斗力。

3. 顽强拼搏精神

中国女排在赛场上展现出的顽强拼搏精神，是她们取得辉煌成绩的关键。无论面对多大的困难和挑战，女排姑娘们从不退缩，始终坚持到底。这种精神对于当代大学生来说，具有重要的启示意义。在学习和生活中，难免会遇到各种挫折和困难，但只要我们保持顽强拼搏的精神，不轻言放弃，就一定能克服困难，取得成功。

4. 自强不息精神

自强不息是女排精神的内核。中国女排在发展历程中，经历了辉煌，也遭遇了低谷，但她们始终秉承自强不息的精神，迎接每一次挑战。对于当代大学生来说，自强不息的精神尤为重要。无论在学业上还是在生活中，都要保持积极向上的态度，不断提升自己，追求卓越。

5. 与时俱进精神

女排精神不应停留在过去，而应随着时代的发展不断升华。新时代的女排精神，既传承了传统的优良品质，又融入了新的时代内涵。对于当代大学生来说，与时俱进的精神同样重要。在快速发展的社会中，只有不断学习新知识、掌握新技能，才能适应时代的变化，才能立于不败之地。

登山精神

    自 1955 年组建以来，中国登山队在党和国家领导人的亲切关怀下，完成了一项又一项举世瞩目的壮举。从 1960 年王富洲、屈银华、贡布实现人类首次从北坡登顶，让新中国的五星红旗第一次飘扬在珠穆朗玛峰的上空开始，"不畏艰险、顽强拼搏、团结协作、勇攀高峰"的登山精神激励着一代又一代的登山人。他们不断刷新世界登山运动的纪录，让五星红旗高高飘扬在世界各大山峰，让伟大祖国的光辉闪耀全世界。

北坡壮举：孕育登山精神

    20 世纪 50 年代末，新中国正处于社会主义建设的关键时期，攀登珠峰不仅仅是一次体育挑战，更是国家意志的体现。为了在国际舞台上树立新中国的形象、展示新中国的实力，党和国家领导人决定组织登山队，并制定了中苏联合攀登珠峰的计划。后来中苏联合攀登珠峰的计划未能顺利进行，但党和国家领导人依然决定独立组队攀登珠峰。

在时任国家体委主任贺龙的亲自指挥下，中国登山队队员刘连满、王富洲、屈银华、贡布从北坡向珠峰发起冲击。珠峰北坡的攀登难度较大，在 6500 米以上的区域，地形复杂且气候恶劣，常年有强风和冰裂缝等危险因素。尤其是海拔约 8680 米的"第二台阶"，这是一处高 4 米多的近乎垂直的岩壁。为了攻克登顶的最后一道难关，刘连满"甘为人梯"，让 3 名队友踩着自己的肩膀攀上了"第二台阶"。王富洲、屈银华、贡布没有辜负队友的无私奉献，靠着"不畏艰险、顽强拼搏、团结协作、勇攀高峰"的登山精神，于 1960 年 5 月 25 日 4 时 20 分登顶成功，完成了从珠峰北坡登顶的人类壮举。

勇攀高峰：弘扬登山精神

一时之间，中国登山队的事迹响彻神州大地，登山精神极大地鼓舞了全国各族人民，全国掀起了向登山队学习的热潮。

就如同"不畏艰险、顽强拼搏、团结协作、勇攀高峰"的登山精神所彰显的那样，中国登山人的脚步从未停止，且不断谱写新篇章：1975 年再次从北坡登顶珠峰，成功测量珠峰高度，中国登山队员潘多成为世界上首位从北坡登顶的女性；1988 年，中国、日本、尼泊尔三国联合组队从南坡和北坡同时攀登，首次实现南北双跨；2003 年，中国业余登山队首次登上珠峰；2008 年，中国登山队让奥运圣火在世界屋脊燃烧，实现了中国人在申办北京奥运会时的庄严承诺。

登山精神，一次又一次闪耀光芒，成为中华民族奋斗不息的一个缩影，激励着国人奋发向上、锐意进取、勇攀高峰。

为国攀登：传承登山精神

2020 年 5 月 27 日，在人类首次从珠峰北坡登顶 60 周年之际，次落、袁复栋等新一代登山人接过前辈的重托，成功从珠峰北坡登顶，为国攀登，为国测绘，再一次诠释了攀登精神，并创造了在珠峰峰顶停留 150 分钟的最长时长纪录。

更值得一提的是，此次登顶珠峰后，登山队的测量队员在峰顶竖起测量觇标，使用国产仪器接收北斗卫星导航系统等信号进行了 GNSS 测量，使用国产雪深雷达探测仪探测了峰顶雪深，并使用国产重力仪进行重力测量。这也是人类首次在珠峰峰顶开展重力测量，将有利于大地水准面优化、提高珠峰高程精度、获取宝贵的科学数据。与此同时，当觇标竖立在峰顶后，在珠峰脚下的 6 个交会点，测量队员同步开展了峰顶交会测量和 GNSS 联测，获取珠峰高程数据。与 60 年前相比，我国登山事业的拼搏精神一直闪耀，而祖国繁荣昌盛的发展硬实力，更为我国登山事业增加了底气与保障。

明体达用

登山运动与时代发展的脉搏是高度契合的。20 世纪 60 年代，中国登山队首登珠峰，正值新中国百废待兴之际。中国登山队员克服物资短缺、装备不足、登山技术刚刚起步等各种不利因素登顶成功，极大地鼓舞了全国人民建设新中国的热情。从那时起，"不畏艰险、顽强拼搏、团结协作、勇攀高峰"这 16 个字成为全国各行各业建设者向往与学习的时代拼搏精神。

在建设体育强国的征程上，登山精神同样历久弥新。从新中国各运动项目的一穷二白到逐步建设成体育大国，再到坚实迈向体育强国，在中华体育精神的指引下，在登山精神的带动下，中国体育人坚持举国体制办大事，把握规律、科学苦练、砥砺奋进，打造了一支支作风过硬、水平高超、纪律严明的高素质体育队伍。

党的坚强领导始终是中国登山队无往不胜的保障。在挑选队员时，除了身体条件和攀登技术，思想品质同样不可或缺。每一次攀登背后，都凝聚着无数感人的故事。2020 年，珠峰高程测量登山队队长次落在极端恶劣的天气条件下，毅然选择带队攻顶，坚定地完成了所有任务，这正是登山人的担当与精神的体现。

如今的中华民族，正处于蓬勃发展的新时代。脚踏实地、顽强拼搏、砥砺奋进、勇攀高峰，牢记发展过程中的经验与挫折，不断奋进，正是登山精神的时代注解，也是激励各行各业奋斗者的精神动力。

北京冬奥精神

　　伟大的事业孕育伟大的精神，伟大的精神推进伟大的事业。在北京冬奥会、冬残奥会总结表彰大会上，习近平总书记深刻指出："北京冬奥会、冬残奥会广大参与者珍惜伟大时代赋予的机遇，在冬奥申办、筹办、举办的过程中，共同创造了胸怀大局、自信开放、迎难而上、追求卓越、共创未来的北京冬奥精神。"

　　"胸怀大局、自信开放、迎难而上、追求卓越、共创未来"的北京冬奥精神，是中华民族宝贵的精神财富，是激励全党全国各族人民在新时代更好地坚持和发展中国特色社会主义、实现中华民族伟大复兴的强大精神动力。

胸怀大局，勇于承担使命责任

　　胸怀大局，是一种精神境界。确保北京冬奥会、冬残奥会如期安全顺利举办，是中国人民向国际社会做出的庄严承诺。在冬奥申办、筹办、举办的过程中，广大参与者始终怀揣为国争光的使命意识，牢记"国之大者"，以强烈的责任感和荣誉感，克服种种困难，出色完成各项任务，创造了无愧于祖国和人民的辉煌业绩。国际奥委会主席巴赫感慨道，"这是一届真正无与伦比的冬奥会""如果没有中国人民的支持，北京冬奥会不可能取得如此卓越的成功"。

胸怀大局，是一种责任担当。正是因为胸怀大局，一批批建设者全力以赴，创造了冬奥场馆提前一年完工和京张高铁在三年多的时间里建成通车的"中国速度"。数万名赛会工作人员兢兢业业、甘于奉献，确保赛事组织和城市运行的高质量服务。我国运动员和教练员以实际行动践行"道德金牌、风格金牌、干净金牌"的要求，充分诠释了奥林匹克精神和中华体育精神，实现了运动成绩与精神文明的双丰收。一位参与者评价："基础设施世界领先，精神力量更是世界一流！"这种精神风貌深刻启示我们，要牢记"国之大者"，心系祖国，以为国争光为己任。

回顾奋斗历程，北京冬奥会和冬残奥会的参与者勇于承担责任，为祖国和人民团结一心、奋力拼搏，为党和人民赢得了荣誉。展望未来，新的挑战已然展开，在向第二个百年奋斗目标进军之路上，我们将面临更多更艰巨的任务和挑战，亟须激发精气神，在危机中寻求机遇，在变局中开创新局。谋大事必须观察大势，开新局必须胸怀大局。只要我们始终保持胸怀大局的视野、志存高远的境界和为国争光的担当，既能登高望远、掌握主动，又能脚踏实地、奋发拼搏，就一定能汇聚起无坚不摧的磅礴力量。

自信开放，展现新时代中国形象

自信开放，"就是雍容大度、开放包容，坚持中国特色社会主道路自信、理论自信、制度自信、文化自信，以创造性转化、创新性发展传递深厚文化底蕴，以大道至简彰显悠久文明理念，以热情好客展现中国人民的真诚友善，以文明交流促进世界各国人民相互理解和友谊"。

冬奥会的筹办是一项系统工程，体现了国家综合实力。众多参与者以辛勤付出、坚韧毅力和巨大勇气，出色完成各项任务，交出了令世界赞叹的答卷。在以习近平同志为核心的党中央坚强领导下，各部门和各省区市团结协作、攻坚克难，北京与张家口作为主办城市全力以赴。经过7年的艰辛奋斗，我们铸就了辉煌，充分展现了党的集中统一领导和社会主义制度的组织动员能力。历史必将铭刻这一成就，世界也将对中国道路有更深入的认识。

北京冬奥会和冬残奥会不仅仅是体育盛会，更是文化和文明的盛宴。从"二十四节气"倒计时到冬奥标识的篆刻与书法元素；从西汉长信宫灯灵感的火炬接力火种灯到《千里江山图》冰场挡板图案……中华文化与奥运文化、冰雪元素完美融合，闪耀在冬奥舞台，书写了文明交流的新篇章。

当"黄河之水"幻化为"冰雪五环"，当19首世界名曲在鸟巢响起，与神州大地交相辉映，四海宾朋看到了生机勃勃、自信从容的中国，感知到新时代中国的可信、可爱、可敬形象。当冬奥梦与中国梦交织，中国元素与奥林匹克精神有机融合，北京冬奥会和冬残奥会促进了不同文化的包容理解与文明的交流互鉴，谱写了"各美其美、美美与共"的佳话。这种魅力与影响力必将持久扩散，历久弥新。

迎难而上，为了胜利勇往直前

迎难而上，体现了各条战线人们的辛勤付出与智慧汗水。确保北京冬奥会和冬残奥会如期安全顺利举办，是中国人民向国际社会的庄严承诺。然而，突如其来的新冠肺炎疫情给筹办工作带来了重大挑战。面对困难，从冬奥建设者打造世界一流场馆到办赛人员严谨组织赛事、为运动员创造良好条件，再到服务保障人员热情周到的服务和医疗防疫人员守护健康，广大参与者始终坚持"一刻也不能停，一步也不能错，一天也误不起"，付出了艰苦努力，向世界奉献了一届简约、安全、精彩的奥运盛会，全面兑现了对国际社会的承诺。

迎难而上，由赛场上每个拼搏的身影共同写就。在年轻选手占多数的自由式滑雪项目中，31岁的齐广璞面对对手高水平的发挥，选择了挑战最高难度，"最后关头，拼了！"徐梦桃经历伤病困扰，曾考虑过退役，但她不甘心放弃，最终顽强回归赛场。中国轮椅冰壶队在卫冕之路上遭遇两连败，队员们坚定信念，抓住机会，努力成就自我。正如不畏山高路远的跋涉者和不惧风高浪急的弄潮儿，中国体育健儿迎难而上、挑战极限，让梦想在冬奥舞台上绚丽绽放，为祖国和人民赢得了新的荣耀。

回顾历史，中国积极参与奥林匹克运动的发展，正是一部迎难而上的奋斗史。从"中国奥运第一人"刘长春孤身赴洛杉矶参加奥运会的遗憾，到苏炳添刷新亚洲纪录，成为首位站上奥运会男子百米决赛的中国运动员；从"奥运三问"到"双奥之城"，中国的奥运记忆中铭刻着民族不畏险阻、攻坚克难、顽强拼搏的精神。正是在这种精神的激励下，无数人立足中华大地，苦干实干、坚韧不拔，勇于战胜前进道路上的一切艰难困苦，推动中国特色社会主义事业不断向前。

追求卓越，不断突破和创造奇迹

北京冬奥会、冬残奥会充分彰显了卓越、友谊、尊重的奥林匹克价值观，也为追求卓越、止于至善的精神境界写下了生动注脚。2000 多个日夜，全部参与者坚持"一刻也不能停，一步也不能错，一天也误不起"，始终保持追求卓越的心态与状态，一以贯之执着专注，持之以恒千锤百炼，让一个又一个"不可能"变为"一定能"，创造了一个又一个奇迹，在奥林匹克史册上写下浓墨重彩的一笔。正因为追求卓越，我们不仅办好了一届冬奥盛会，而且办出了特色、办出了精彩、办出了独一无二；也正因为追求卓越，世界再一次加深了对中国的印象——"能做成，更能做好"。

在冬奥赛场，胜负往往就在毫厘之间，而追求卓越正是运动员闪亮的底色。中国体育健儿在赛场上不畏强敌、顽强拼搏，他们全力以赴、追逐梦想的姿态令人感动。自由式滑雪空中技巧运动员徐梦桃在水池中反复练习跳跃，精心打磨技术；参加冬残奥会的高山滑雪运动员张梦秋经过 6 年的艰难起步，努力缩小与世界顶级运动员的差距。中国体育健儿对平庸的拒绝、对极致的追求、对严格要求的执着，以及日复一日的极限挑战，交织成了战胜自我、超越自我的精彩篇章，让"更快、更高、更强——更团结"的奥林匹克格言更加熠熠生辉。

冬奥梦与中国梦交汇，冬奥精神与中国精神辉映。回顾冬奥盛会，从在赛场拼搏的运动员和教练员到夜以继日奋战的场馆建设者，从热情服务的志愿者和工作人员到守护涉奥人员健康的医疗防疫人员……"两个奥运、同样精彩"的背后，是无数人的心血与付出。在他们身上，我们看到了"干一行、专一行"的精益求精，感受到"偏毫厘不敢安"的一丝不苟，体会到"千万锤成一器"的卓越追求。正是因为他们的努力，北京冬奥会这幅拼图才得以顺利完工，以精彩的面貌呈现在世人面前。这也启示我们，身处大有可为的新时代，无论从事何种工作，都要追求卓越，致广大而尽精微。我们要通过勤学长知识、苦练精技术、创新求突破，在肩负时代重任时，做到行胜于言，在真刀真枪的实干中成就事业，汇聚砥砺奋进的强劲动能。

共创未来，构建人类命运共同体

共创未来，就是协同联动、紧密携手，让"一起向未来"与"更团结"相互呼应，面朝中国发展未来，面向人类发展未来，向世界发出携手构建人类命运共同体的热情呼唤。

北京冬奥会和冬残奥会是一场和平与友谊的盛会，也是团结与合作的象征。在五环旗下，来自全球的运动员齐聚一堂，彼此尊重、相互激励，完美地诠释了"更快、更高、更强——更团结"的奥林匹克格言。在速滑赛道上，中国小将阿合娜尔·阿达克冲过终点后，向49岁的德国老将佩希施泰因伸出手，表达敬意；在女子自由式滑雪决赛中，美国选手考德威尔在失误后，依然高兴地祝贺冠军徐梦桃，喊道："桃桃，奥林匹克冠军！我为你骄傲！"这些瞬间都展现了超越胜负的深厚友谊。在越野滑雪男子15公里比赛中，芬兰名将伊沃·尼斯卡宁完赛后与其他选手击掌相拥、英雄相惜的情谊融化了冰雪。尽管语言、文化和信仰各异，但运动员们追求的梦想是相同的。在奥运赛场上，情感与信念交相辉映。

北京冬奥会的成功不仅仅是中国的胜利，更是全世界的胜利；不仅仅是体育的成就，更是全人类团结的象征。在非洲，孩子们通过冬奥会主题的动画片了解"雪"的乐趣；在巴西，民间芭蕾舞团创作舞蹈，表达共迎冬奥的美好愿景；在日本，北京冬奥会吉祥物吸引了众多粉丝；在匈牙利，小朋友们用画笔描绘冬奥吉祥物，展示对奥林匹克运动的向往。北京冬奥会连接了无数普通人的梦想，给世界人民带来了温暖与希望，播撒了和平与友谊的种子，激发了人类团结、共克时艰的力量。

站在新的历史起点上，大力弘扬北京冬奥精神，持续推动人类进步事业，奏响和平、团结、进步的时代乐章，我们一定能驱动历史的车轮向着光明的前途前进，向着人类更加美好的未来进发！

明体达用

1. 中华民族精神的深刻体现

北京冬奥会和冬残奥会深刻彰显了中华民族精神的核心内涵，展现了团结统一、爱好和平、勤劳勇敢和自强不息等民族精神。这些精神不仅仅振奋了中国人民的士气，提升了民族自信，更成为激励全党全国各族人民在新时代坚持和发展中国特色社会主义、实现中华民族伟大复兴的强大精神动力。

2. 以改革创新为核心的时代精神

北京冬奥精神充分体现了以改革创新为核心的时代精神。北京冬奥会和冬残奥会是在我国全面建成小康社会、实现第一个百年奋斗目标、向第二个百年奋斗目标迈进的关键时期举办的盛会。国家投入了大量精力，民众热情高涨，这也决定了北京冬奥精神与新的时代特征是紧密相连的，充分体现了以改革创新为核心的时代精神。

3. 弘扬中华民族精神的新载体

五千多年来，中华民族以生产活动、抢险救灾、共抵外侮、改革发展、创新创造等实践为载体，创造了伟大的民族精神。北京冬奥会和冬残奥会不仅仅是国际体育盛会，更是超越体育的文明盛会，为弘扬中华民族精神提供了全新的载体。冬奥参与者以为国争光为己任，以为国建功为光荣，勇于承担使命责任，展现了自强不息的爱国情怀；冬奥场馆巧妙融入中华文化，展现了中华文明的无穷魅力；吉祥物"冰墩墩"和"雪容融"展现了中国人民的热情好客和真诚友善。北京冬奥会、冬残奥会以体育的形式来高扬正义、团结、和平的主张和理念，写下了文明交流互鉴的新篇章。

女足精神

2022年2月6日，印度孟买，一场惊心动魄的比赛在这里进行着。中国女足，这支曾经创造过辉煌的队伍，在亚洲杯决赛的赛场上，与韩国队展开了一场殊死搏斗。

90分钟的比赛，宛如一部跌宕起伏的电影。开局落后，中场追平，终场绝杀，中国女足用她们的顽强和拼搏，谱写了一曲可歌可泣的胜利之歌。

当终场哨声响起的那一刻，全场沸腾。中国女足，时隔16年，再次登上了亚洲之巅。"铿锵玫瑰"，在风雨之后，再次绽放。

绝境中，永不言弃的"铿锵玫瑰"

回顾这场比赛，中国女足的胜利，来之不易。

开场仅7分钟，韩国队就先拔头筹，中国队落后。第27分钟，韩国队再下一城，中国队0∶2落后。

落后两球，对手是实力不俗的韩国队，胜利的天平似乎已经倾斜。但中国姑娘们没有放弃，她们咬紧牙关，在绝境中寻找机会。

第68分钟，王霜在禁区内被侵犯，中国队获得点球，唐佳丽沉着地将球罚进，中国队扳回一城。仅仅4分钟后，王珊珊头球攻门，帮助中国队扳平比分。

比赛进入伤停补时阶段，当所有人都在为即将到来的加时赛做准备时，奇迹出现了。第93分钟，王珊珊送出精准直塞，替补登场的肖裕仪冷静推射，皮球应声入网。3∶2！中国女足绝杀韩国，惊天逆转，夺得冠军！

这是一场让人热血沸腾的比赛，更是一场展现中国女足精神的比赛。0∶2落后，她们没有放弃；面对强敌，她们没有退缩；直到最后一秒，她们都在奋力拼搏。这种永不言弃、顽强拼搏的精神，感动了无数观众。

逆境中，一路前行的"铿锵玫瑰"

这场决赛的胜利，只是中国女足"永不服输"的一个缩影。回顾整个亚洲杯赛程，可以发现，她们的每一场胜利，都来之不易。

四分之一决赛，面对越南队，中国女足先失一球，随后奋起直追，最终3∶1逆转晋级。半决赛对阵卫冕冠军日本队，120分钟鏖战，两度落后，两度追平，最终通过点球大战艰难胜出。

一路走来，没有一场比赛是轻松的。但无论面对怎样的困难，无论比分如何落后，中国女足都没有放弃，她们始终咬紧牙关，拼到最后一秒。

这种精神，早已深深融入中国女足的血脉中。从20世纪八九十年代的"铿锵玫瑰"到如今的新一代女足姑娘们，永不服输、顽强拼搏的女足精神，一直在传承。

正是凭借这种精神，中国女足才能在逆境中一路前行，谱写了一个又一个奇迹。

低谷中，重新崛起的"铿锵玫瑰"

对于中国女足来说，这个亚洲杯冠军意义非凡。因为在这之前，她们经历了太多的质疑和困难。

20世纪八九十年代，中国女足曾经创造过辉煌，她们七次夺得亚洲杯冠军，还在奥运会和世界杯上取得过亚军的好成绩。但进入新世纪后，随着世界女足的快速发展，中国女足的成绩开始下滑。

从2000年悉尼奥运会无缘四强，到此后的世界大赛上成绩不佳，再到2015年女足世界杯小组出局，中国女足一度跌入低谷。

质疑的声音开始出现，人们不禁担忧：昔日的"铿锵玫瑰"是否已经凋零？实际上，中国女足没有放弃，她们选择了重新出发。

2015年，女足管理体制开始改革，女足姑娘们的训练条件得到改善。在新的教练组的带领下，中国女足开始了新的征程。

2018年亚运会，时隔20年再次问鼎；2019年法国世界杯，时隔16年重返八强；2022年亚洲杯，时隔16年重新加冕。一步步，中国女足走出了低谷，重新崛起。

这个亚洲杯冠军，是对中国女足这些年努力的最好回报，也向世界证明，昔日的"铿锵玫瑰"，依然在绽放。

"铿锵玫瑰"，永不凋零

"铿锵玫瑰"这个称号，已经成为中国女足的代名词。它不仅仅代表着一支球队，更代表着一种精神。

这种精神，就是永不服输、顽强拼搏。无论面对怎样的困难，无论处于怎样的逆境，都要咬紧牙关，拼到最后一秒。2022年的亚洲杯，中国女足用冠军奖杯再一次诠释了这种精神。而她们的脚步，不会停止，未来，还有更多的挑战在等待着她们。

世界杯，奥运会，一个个新的梦想，在召唤着这支队伍。相信在女足姑娘们的努力下，在全国人民的支持下，"铿锵玫瑰"一定能绽放出更加绚丽的光彩。

明体达用

无论是登上领奖台还是处于调整期，中国女足都始终如一地延续着顽强拼搏、永不放弃的精神。这种精神体现了中华民族自强不息、百折不挠的优秀品质。面对0：2落后的不利局面，中国女足没有放弃，而是咬紧牙关，在绝境中寻找机会。这种迎难而上、永不言弃的坚强意志，正是中华民族精神的生动写照。无论是在革命年代还是在和平建设时期，我们都是凭借这种精神，一次次战胜困难，创造奇迹。

中国女足精神彰显了新时代中国女性的独立自强。从20世纪八九十年代的"铿锵玫瑰"到如今的新一代女足姑娘们，一代代足球女将将"顽强拼搏、永不放弃"的女足精神赓续传承、发扬光大。她们用实际行动证明，女性完全可以在体育领域取得非凡成就，为国争光。这种自立自强的形象，为当代女性树立了榜样，鼓舞着更多的女性勇敢追梦、挑战自我。

中国女足的奋斗历程本身就是一种宝贵的精神财富。从曾经的辉煌到后来的低谷，再到如今的重新崛起，女足这些年的坎坷经历昭示着，成功从来都不是一蹴而就的，只有经历磨难、坚持不懈，才能再创佳绩。这种百折不挠的意志，是成就一切事业的根本保证。

中国女足精神所凝结的爱国情怀、必胜信念，是激励全民族不断前行的强大动力。从2018年的亚运会问鼎到2022年的亚洲杯夺冠，女足姑娘们用汗水和泪水向人们传递着民族自信。在她们身上，我们看到了中国体育的未来，更看到了民族复兴的希望。这种精神，必将鼓舞更多的人为梦想拼搏，为祖国奉献。

总之，中国女足展现的"永不服输、顽强拼搏"精神，已经成为新时代中国精神的重要组成部分。它不仅仅属于女足，更属于每一个为梦想奋斗的中国人。让我们学习女足精神，在新的赛道上奋勇争先，以坚韧不拔的意志品质，谱写新的辉煌篇章。

飞盘精神

在城市的公园里，在绿色的足球场上，一群年轻人奔跑着，欢笑着，他们的手中飞舞着一个个圆形的飞盘。这是一种怎样的运动?

这就是极限飞盘，一项正在风靡都市的新兴运动。中国飞盘运动协会的数据显示，目前全国已有超过 50 万人参与这项运动，其中大部分是大学生和年轻白领。在全民健身的热潮中，极限飞盘无疑是一抹亮丽的风景。它的出现，不仅丰富了人们的生活，而且为都市文化注入了新的活力。

融合创新，别样精彩

极限飞盘，是一项融合了多种运动元素的创新运动。它的玩法，我们可以看到橄榄球的影子；它的场地布置，与足球场如出一辙；它的得分方式，与篮球投篮有异曲同工之妙。但极限飞盘并不是简单地拼凑和模仿，它有自己独特的魅力和特点。

首先，极限飞盘是一项无身体接触的运动。参与者不能抢夺对方手中的飞盘，只能通过拦截飞盘来阻止对方得分。这让极限飞盘成为一项真正的"绅士"运动。其次，极限飞盘没有性别和年龄的限制。不论你是男是女、是老是少，都可以在这个绿茵场上尽情挥洒汗水。这让极限飞盘成为一项真正的全民运动。最后，极限飞盘高度强调团队协作。没有一个人能独自完成得分，只有通过团队的配合和传递，才能将飞盘送到对方的终点区域。这让极限飞盘成为一项真正的团队运动。

正是这些独特的特点，让极限飞盘在短短几年内迅速风靡全国。据统计，目前全国已有超过 30 个城市成立了极限飞盘俱乐部，定期举办比赛和交流活动。许多高校也将极限飞盘纳入体育课程，作为学生们锻炼身体、培养团队精神的重要途径。

自我裁判，诚信为本

在极限飞盘比赛中，有一个独特的规则，那就是没有裁判。极限飞盘的比赛完全依靠参与者自己来裁判。当队员犯规或违例时，需要自己主动承认；当出现争议时，需要双方自行协商和判决。这就是极限飞盘独特的自我裁判规则。

这个规则建立在诚实守信、相互尊重、公平竞赛的基础之上。它要求每一个参与者都要熟知规则，都要自律守则。在这里，没有"眼睛盯着裁判"的投机取巧，没有"口头争执裁判"的无谓纷争。在这里，每一个人都是裁判，每一个人都要对自己的行为负责。

这种自我裁判的机制，看似简单，却蕴含着深刻的哲理。它告诉我们，诚实守信是运动的基础，相互尊重是竞赛的前提，公平竞争是比赛的灵魂。这正是极限飞盘的独特魅力所在。它不仅仅是一项运动，更是一种教育、一种文化。它教会我们如何做人，如何处世，如何与人相处。

在 2022 年的全国极限飞盘锦标赛上，就发生了一件令人动容的事。在一场激烈的比赛中，一名队员在跑动中不小心踩线，但对方并没有人发现。这名队员主动举手承认犯规。虽然这意味着他的队伍可能会因此失分，但他的诚实得到了在场所有人的尊重，也为他的队伍赢得了更多的支持和喝彩。这，就是极限飞盘精神的力量。

飞盘精神，高尚为先

在极限飞盘的世界里，有一种独特的精神，就是飞盘精神。飞盘精神是极限飞盘的灵魂，是这项运动的内核。它主张和强调遵守规则、互相尊重和发扬体育竞技精神。

在飞盘精神的指引下，参与者要熟知规则并遵守规则，在比赛中要避免身体接触，要懂得自控，要规避冲突，要公平竞争，要平等待人。在飞盘精神的感召下，参与者要享受玩的过程，要塑造良好的团队氛围。在飞盘精神的熏陶下，参与者要友好交流，要尊重他人，要学会欣赏对手，要学会感恩队友。

飞盘精神，是一种高尚的精神。它超越了比赛的输赢，超越了奖牌的荣誉。它追求的，是一种更高层次的价值、一种更高尚的境界。在飞盘精神的引领下，极限飞盘不仅仅是一项运动，更是一所学校，在这所学校里，我们学到的，不仅有运动的技巧，还有为人处世的道理。

在 2019 年的世界极限飞盘锦标赛上，中国队虽然没有取得优异的成绩，但他们展现出的飞盘精神却赢得了全世界的尊重。在与美国队的比赛中，中国队员在争抢飞盘时不慎与对方发生身体接触。虽然没有裁判来判罚，但中国队员主动承认犯规，并向对方道歉。这一举动，赢得了美国队员的尊重和好评。赛后，美国队员特意到中国队的更衣室，向中国队员表达了敬意和谢意。这，就是飞盘精神的力量，就是中国体育人的风采。

绿茵场上，健康生活

极限飞盘，不仅是一项运动，还是一种生活方式。对于都市人来说，生活的节奏越来越快，工作的压力越来越大，在钢筋水泥的丛林中，我们似乎越来越难找到属于自己的绿色空间。而极限飞盘，为我们打开了一扇门，一扇通向健康生活的门。

在极限飞盘的世界里，我们可以尽情地奔跑，尽情地欢笑。在绿茵场上，我们可以忘却工作的烦恼，可以放下生活的压力。在极限飞盘的运动中，我们可以锻炼身体，可以放松心情。在团队的协作中，我们可以体验合作的快乐，可以感受友谊的温暖。

极限飞盘，正在成为越来越多的都市人的生活方式。它不仅能给我们带来健康的身体，还能给我们带来愉悦的心情。在极限飞盘的带动下，我们正在走向一种更加健康、更加积极的生活方式。我们正在学会，如何在繁忙的都市生活中，找到属于自己的一片绿色天地。

据调查，参与极限飞盘运动的人群中，98%的人认为这项运动让他们的身体更加健康，95%的人认为这项运动让他们的心情更加愉悦，90%的人认为这项运动让他们的人际关系更加和谐。这些数字，充分说明了极限飞盘对都市人生活的积极影响。

飞盘飞扬，梦想飞翔

今天，当我们再次走进城市的公园，走进绿色的足球场，我们会发现，那里的景象正在发生着变化，越来越多的年轻人加入了极限飞盘运动的行列。他们奔跑着，欢笑着，他们的手中，飞舞着一个个圆形的飞盘。

这，是极限飞盘的美好愿景。极限飞盘不仅仅是一项运动，更是一种文化、一种精神、一种生活方式。在极限飞盘的世界里，我们看到了创新的魅力，看到了自我裁判的哲理，看到了飞盘精神的高尚，看到了健康生活的希望。

让我们一起，走进极限飞盘的世界。让我们一起，在运动中锻炼身体，在竞赛中提升自我，在交流中感悟人生。极限飞盘，正在成为都市文化的新名片，正在成为全民健身的新选择。它的美好愿景，正在一步步变成现实。

让我们一起，为这个美好的愿景，贡献自己的一份力量。让极限飞盘，在我们的共同努力下，绽放出更加绚丽的光彩！让飞盘在空中飞扬，让梦想在心中飞翔！

明体达用

1. 诚信是立身之本

在极限飞盘比赛中，没有裁判，一切都依靠运动员自己的诚信。这启示我们，无论在运动中还是在生活中，诚信都是立身之本。只有诚实守信，才能赢得他人的尊重，才能构建和谐的人际关系。

2. 遵守规则是公平的基础

极限飞盘强调遵守规则，这是保证比赛公平公正的基础。这启示我们，在社会生活中，我们也需要遵守规则，因为规则是维护公平公正的基石。只有每个人都遵守规则，社会才能有序运转。

3. 尊重是交往的前提

飞盘精神强调尊重对手，尊重队友，尊重比赛。这启示我们，尊重是人际交往的前提。只有学会尊重他人，才能有良好的沟通，才能化解矛盾、达成共识。

4. 团队合作是成功的关键

极限飞盘是一项团队运动，需要每个人的通力合作。这启示我们，在工作和生活中，团队合作也是成功的关键。只有每个人都发挥自己的长处，互相配合，才能实现共同的目标。

5. 体育精神是人生的财富

飞盘精神体现了体育的内涵和价值，如公平竞争、勇于拼搏、尊重对手等。这启示我们，体育精神不仅是运动场上的宝贵财富，也是人生道路上的宝贵财富。我们要将体育精神内化于心、外化于行，让其成为我们生命中的一部分。

6. 创新是发展的动力

极限飞盘本身就是一项创新的运动，它融合了多种运动的特点，形成了自己独特的魅力。这启示我们，在各行各业，创新都是发展的动力。只有不断创新，突破常规，才能找到新的增长点，才能实现可持续发展。

7. 快乐是运动的本质

极限飞盘强调享受运动的乐趣，享受比赛的过程。这启示我们，无论运动还是生活，快乐都应该是其本质。我们要学会在运动中找到快乐，在生活中创造快乐，让快乐成为我们的常态。

飞盘精神，不仅仅是极限飞盘运动的精神内核，更是一种超越运动的人生哲学。它告诉我们，诚信、遵守规则、尊重、合作、创新、快乐，是我们在运动场上、在人生道路上都应该坚持的价值追求。让我们在飞盘精神的引领下，一起创造更加美好的生活，成就更加美好的自己。让飞盘精神成为我们人生的指路明灯，照亮我们前行的道路。

传承体育文化
共筑时代梦想

体育文化是民族精神和时代精神的重要组成部分，是激励每一个人奋发向上的强大精神力量。

体育是什么？

　　体育是什么？这是一个宏大的命题，很难有人能够简单地定义它。对孩子来说，体育是欢乐的游戏，是奔跑的快乐，是汗水的痕迹；对老人来说，体育是健康长寿的秘诀，是生命的延续，是青春的回忆。每个人基于自己的价值观和所处的时代背景，对体育都有不同的理解。

　　体育，似乎是一个简单的词语，却蕴含着无穷的力量。它可以让人强健体魄，可以让人心胸开阔，可以让人意志坚定。它是一种精神、一种文化、一种生活方式。它跨越国界，跨越种族，跨越年龄，连接着世界的每一个角落。

体育，容光焕发的使者

　　现代奥林匹克之父顾拜旦在《体育颂》中写道："啊，体育……你像是容光焕发的使者，向暮年人微笑致意。你像高山之巅出现的晨曦，照亮了昏暗的大地。"在他眼里，体育是一位友善的使者，它能使人内心充满欢喜，让忧伤的人散心解闷，让欢乐的人生活更加甜蜜。

顾拜旦的话语，道出了体育的魅力所在。当我们在运动场上奔跑时，当我们在球场上挥洒汗水时，当我们在赛道上超越自我时，我们的内心是充满喜悦的。这种喜悦，来自对生命的热爱，来自对挑战的渴望，来自对胜利的追求。

体育，让我们感受到生命的律动。它让我们的心跳加速，让我们的血液沸腾，让我们的灵魂振奋。在运动中，我们忘记了年龄，忘记了身份，忘记了烦恼。我们只是一个纯粹的生命个体，在汗水中感受生命的美好。

体育，改变世界的力量

在曼德拉的心中，体育不仅仅是一种享受，更是一种能够改变世界的力量。曼德拉44岁时因反对种族隔离制度入狱，在狱中累计度过了27个春秋。在那段被枷锁囚禁的黑暗岁月里，体育是他斗争的力量源泉。

在监狱里，曼德拉坚持跑步，做俯卧撑、仰卧起坐，以强身健体、对抗寒冷。他带领狱友争取到了每周半小时的踢球权利，并设立了三个级别的足球联赛。在球场上，没有黑人白人之分，只有队友和对手的区别。在这里，曼德拉第一次感受到了平等的力量。

体育，让曼德拉看到了希望。它让他意识到，改变是可能的，平等是可能的，自由是可能的。在那个黑暗的年代，是体育的力量支撑着曼德拉走过了27年的牢狱岁月。

体育，和解的桥梁

1990年，曼德拉重获自由。四年后，他成为南非有史以来第一位黑人总统。然而，种族隔离的阴影并没有随着制度的废除而消失。如何消除种族隔阂，实现民族和解，成为摆在曼德拉面前的一大难题。

曼德拉再次想到了体育的力量。1995 年，南非橄榄球世界杯即将开幕。在此之前，橄榄球一直被视为白人的运动。为了改变这一状况，曼德拉做出了一个大胆的决定——他接见了南非队白人队长弗朗索瓦·皮纳尔，激励他为南非而战。

这一举动，在当时的南非引起了轩然大波。许多黑人认为，曼德拉是在向白人妥协。但曼德拉看得更远。他知道，体育有着超越种族的力量，它可以成为民族和解的桥梁。

曼德拉的判断是正确的。在他的鼓舞下，皮纳尔带领南非队夺得了冠军。在颁奖典礼上，曼德拉亲手将奖杯交到了皮纳尔手中。那一刻，全场沸腾了。黑人白人拥抱在一起，共同庆祝这一历史性的时刻。这一幕，被视为南非种族和解的里程碑。

体育，实现梦想的舞台

对曼德拉来说，体育是实现梦想的舞台。2004 年，早已卸任总统职位的曼德拉不顾 85 岁的高龄，亲自前往苏黎世为南非申办 2010 年世界杯做最后的拉票工作。

在国际足联的大会上，曼德拉发表了一番激情澎湃的演说。他说，足球给了非洲希望，给了非洲梦想。如果世界杯能够在非洲举办，将是对整个非洲的肯定，将激励更多的非洲孩子走上足球之路。

曼德拉的演说打动了在场的所有人。最终，南非成功获得了2010 年世界杯的举办权，成为非洲大陆第一个迎来世界足球顶级盛宴的国家。当世界杯的大幕在约翰内斯堡拉开时，曼德拉的梦想终于实现了。

体育，平等的力量

曼德拉的一生，就是与不平等斗争的一生。而在这个斗争中，体育一直是他最为信赖的武器。通过体育，他实现了监狱中的平等；通过体育，他推动了种族的和解；通过体育，他为非洲赢得了尊重。

曼德拉深知，体育场上没有贵贱之分，只有实力的比拼。在体育面前，每个人都是平等的。无论黑人还是白人，无论富人还是穷人，在起跑线上，大家都是一样的。

这种平等，给了每个人机会，给了每个人希望。它让人们看到，只要努力，就有出头之日；只要拼搏，就有成功的可能。这种信念，激励着一代又一代的年轻人为了自己的梦想而奋斗。

体育，生命的礼赞

体育，是生命的礼赞。它赞美了人类的力量，赞美了人类的勇气，赞美了人类的智慧。它让我们看到，生命的意义不仅仅在于存在，更在于如何绽放光芒。

曼德拉用他的一生，诠释了体育的真谛。他让我们明白，体育其实是一种精神，是一种信仰。这种精神，这种信仰，指引着我们前行，给予我们无穷的力量。

让我们像曼德拉一样，用体育的力量去改变世界，用体育的精神去追逐梦想。让我们在运动中感受生命的律动，在汗水中体味生命的意义。因为，生命因体育而精彩，世界因体育而美好。

明体达用

体育是一种能够促进个人身心健康、促进社会和谐发展的重要活动，它有着丰富的内涵和意义。

1. 体育是塑造健康体魄的有效途径

大学生正处于身心发展的关键时期，需要通过体育锻炼来增强体质、提高免疫力。定期参加体育活动，能够促进新陈代谢，改善心肺功能，预防慢性疾病。同时，体育运动能够缓解学习压力，放松身心，保持积极乐观的心态。

2. 体育是培养优秀品格的重要载体

体育运动讲求公平竞争、团结协作、顽强拼搏的体育精神。参与体育活动，能够磨炼意志，培养吃苦耐劳、坚韧不拔的品质。在团队项目中，个人要学会与他人配合，为集体荣誉而奋斗。这些品格，不仅在运动场上，在人生道路上也同样宝贵。

3. 体育是促进社会和谐的重要纽带

体育运动可以跨越种族、地域、年龄的界限，将不同背景的人聚集在一起。在运动场上，大家都是平等的，体育可以增进友谊、促进理解。体育盛会更是展示国家形象、促进国际交流的重要平台。2008 年北京奥运会、2022 年北京冬奥会，都极大地提升了中国的国际影响力。

4. 体育承载着实现梦想、创造历史的使命

优秀的运动员是国家的骄傲，他们在赛场上为国争光，激励着无数中国人。而体育的魅力，在于它给了每个普通人一个追逐梦想的舞台。无论是业余爱好者还是职业选手，都可以在这个舞台上挥洒汗水，超越自我。

总之，体育是一项能够提升自我、凝聚人心、推动社会进步的伟大事业。作为当代大学生，我们应该积极参与体育活动，在运动中强健体魄、陶冶情操、放飞梦想。让我们用体育的力量，书写无愧于时代的青春篇章。

体育强国梦

"体育承载着国家强盛、民族振兴的梦想。"体育强国梦是对国家强大、民族复兴的热切希望，与中国梦紧密相连。党的十八大以来，在以习近平同志为核心的党中央坚强领导下，中国体育事业迎来了前所未有的发展机遇，谱写了由体育大国向体育强国迈进的恢宏篇章。

全民健身，汇聚力量

党的十八大以来，全民健身上升为国家战略，人民群众的生活方式更加文明健康。到 2021 年底，我国人均体育场地面积达 2.41 平方米，经常参加体育锻炼的人占比达 37.2%，农民体育健身工程覆盖到全国 96% 以上的行政村。2022 年，北京冬奥会、冬残奥会成功举办，实现了运动成绩和精神文明双丰收，实现了对世界的庄严承诺。习近平总书记亲自谋划、亲自部署、亲自推动，把办奥运同服务国家战略紧密结合，实现了 3 亿人参与冰雪运动的美好愿景。全民健身的热潮，正汇聚成中华民族伟大复兴的磅礴力量。

竞技体育，攀登巅峰

党的十八大以来，我国竞技体育综合实力不断提升。中国体育健儿在国际赛场上屡创佳绩，用拼搏诠释着"使命在肩、奋斗有我"的时代精神。在东京奥运会赛场上，年轻一代运动员在赛场内外所展现的中华体育精神，令人欣喜和振奋。女子 4×200 米自由泳接力冠军张雨霏在赛后坦言，最后 50 米之所以能够"拼了"，是因为"中国力量从心底燃起来了"。巩立姣在女子铅球决赛中投出最远距离后，激动地用大拇指指着胸前的国旗，仿佛在表明那就是她力量的源泉。从他们身上，我们看到了新时代中国青年的昂扬斗志和必胜信念。中国体育的腾飞，离不开党和国家的高度重视，离不开举国体制的全力支持。习近平总书记曾指出："体育强则中国强，国运兴则体育兴。"在建设体育强国的伟大征程中，国家为广大运动员搭建了追逐梦想的广阔舞台，也为青年一代创造了施展才华、绽放青春的难得机遇。

体教融合，育人为本

党的十八大以来，体育成为教育高质量发展的重要引擎。2020 年 8 月，体育总局、教育部联合印发《关于深化体教融合　促进青少年健康发展的意见》，将体教融合作为党和国家在青少年体育教育领域部署的一项重要战略，让体教融合从口号变成政策，从愿景变为现实。越来越多的孩子通过体育运动真正收获了快乐与进步，实现了文化学习和体育锻炼的协调发展，更重要的是在体育锻炼中锤炼了意志品质，树立了强国之志。相信未来，他们必定能以"使命在肩、奋斗有我"的昂扬姿态，在各自的岗位上努力拼搏、奋发有为。

伟大复兴，体育担当

站在"两个一百年"奋斗目标的历史交汇点上，中华民族比历史上任何时期都更接近、更有信心和能力实现伟大复兴的目标。站在新的历史起点上，中华儿女意气风发、斗志昂扬。体育强国梦与中国梦交相辉映，激起民族复兴的澎湃动力。让我们更加紧密地团结在以习近平同志为核心的党中央周围，高举中国特色社会主义伟大旗帜，以习近平新时代中国特色社会主义思想为指导，深入贯彻党的二十大精神，锚定"两个一百年"奋斗目标，为加快建成体育强国、实现中华民族伟大复兴的中国梦而不懈奋斗！

明体达用

体育强国梦为大学生追逐梦想、绽放青春搭建了广阔舞台。大学生要以习近平新时代中国特色社会主义思想为指导，深入学习贯彻党的二十大精神，从体育精神中汲取奋进力量，把个人梦想融入民族复兴伟业，在加快建设体育强国的征程中谱写无愧于时代的青春篇章。

1. 培养爱国情怀

体育强国梦是中华民族伟大复兴中国梦的重要组成部分，体现了国家富强、民族振兴的美好愿景。大学生是国家的未来和民族的希望，每个大学生要将个人理想融入民族复兴的伟业中。体育承载着国家强盛、民族复兴的梦想，大学生要从体育精神中汲取爱国力量，把爱国情、强国志自觉融入坚持和发展中国特色社会主义事业的全过程。

2. 增强体质健康

党的十八大以来，全民健身上升为国家战略，人民群众的生活方式更加文明健康。体育锻炼是增强青少年体质最有效的手段。大学生处于人生发展的关键时期，需要通过体育锻炼强健体魄。国家高度重视学校体育，出台一系列政策推动体教融合，旨在帮助学生在体育锻炼中享受乐趣、增强体质。大学生要积极参与体育锻炼，养成健康生活方式。

3. 锤炼意志品质

体育不仅仅能强身健体，更能塑造人格。在追逐体育强国梦的过程中，广大运动员展现了顽强拼搏、永不言败的意志品质，这也是大学生成长成才必备的宝贵品质。大学生要以优秀运动员为榜样，将体育精神内化于心、外化于行，在学习和生活中磨砺意志、增强斗志。

4. 坚定文化自信

体育是展示国家文化软实力的重要平台。党的十八大以来，我国体育事业取得长足发展，中华体育精神得到弘扬，展现了文化自信。这启示大学生要从体育精神中感悟中华文化的深厚底蕴，增强文化自信，自觉传承和弘扬中华优秀传统文化。

5. 贡献青春力量

体育强国梦的实现，离不开包括大学生在内的广大青年的接力奋斗。在东京奥运会上，年轻一代运动员在赛场内外展现的中华体育精神，令人振奋。这激励大学生要以"使命在肩、奋斗有我"的昂扬姿态，在实现民族复兴的赛道上奋力奔跑，在各自岗位上努力拼搏、奋发有为，为体育强国梦贡献青春力量。

为祖国健康工作五十年

"为祖国健康工作五十年。"这是 1957 年时任清华大学校长蒋南翔为鼓励清华学子强健体魄、为国效力而提出的口号。这句响亮、易记的口号，不是一句简单的话语，而是一种信仰、一种追求、一种对生命的诠释。

这句口号，饱含着强烈的爱国情怀和崇高的奉献精神。"为祖国"，是坚持奋斗的动力，是一切行动的出发点和落脚点。"健康"，是实现理想的基础，是奉献的前提和保障。"工作"，是报效祖国的手段，是实现自我价值的途径。"五十年"，是终身奉献的目标，是对事业的执着和坚守。

这句口号，简单而有力，朴实而深刻。它不仅仅是对清华学子的期望，更是对全社会的号召。它告诉我们，个人的健康与国家的富强紧密相连，个人的奋斗与民族的复兴息息相关。只有将个人的理想融入国家的发展，才能实现人生的最高价值。

口号的力量

"为祖国健康工作五十年"这句口号提出已有半个多世纪了，而它的影响却从未停止。这句口号，已经成为一代又一代清华人的信条，成为无数中国人的人生座右铭。它激励着人们不断前行，鼓舞着人们不懈奋斗。

这句口号的力量，来自它所蕴含的爱国情怀。"为祖国"，这三个字道出了中华儿女对祖国的无限热爱。无论是在和平年代还是在战火纷飞的岁月，无论是在经济建设的前沿还是在科研攻关的一线，中国人都始终将祖国放在心中最高的位置。正是这种爱国情怀，支撑着我们渡过一个个难关，迎接一个个挑战。

这句口号的力量，来自它所倡导的健康理念。"健康"，不仅仅是身体的健康，更是心理的健康、精神的健康。只有拥有了健康的体魄，才能拥有健康的心智；只有拥有了健康的心智，才能拥有健康的人生。这种健康理念，已经深入人心，成为现代社会的共识。

这句口号的力量，来自它所强调的奉献精神。"工作"，不仅仅是每个人的责任，更是每个人的使命；不仅仅是为了个人的生计，更是为了国家的建设。只有通过辛勤的工作，才能创造财富，才能实现价值。这种奉献精神，已经成为中华民族的优秀传统，成为我们民族精神的重要组成部分。

这句口号的力量，来自它所追求的拼搏精神。"五十年"，代表着始终如一的执着、矢志不移的坚守。在人生之路上，难免没有坎坷，只要我们坚定地走下去，在时间长河里努力拼搏，就一定能够胜利到达彼岸，见到正在绽放的理想之花。

口号的践行者

"为祖国健康工作五十年"，这句口号，在无数人的生命中得到了践行。他们用自己的行动，诠释了这句口号的真谛，且成了这句口号的最佳注脚。

钟南山，这个名字，在 2020 年的春天，成为全国人民心中的英雄。面对突如其来的新冠疫情，这位 84 岁的老人毅然奔赴前线，成为抗疫战斗的中流砥柱。正是因为多年来坚持健身，他才有了抗击疫情的体力；正是因为多年来心系祖国，他才有了冲锋陷阵的勇气。他的身影，就是对"为祖国健康工作五十年"坚定的响应。

袁隆平，这个名字，是中国农业科学的一面旗帜。他一生都在为解决中国人的吃饭问题而奋斗。即使到了 90 多岁的高龄，他依然坚持在田间地头，依然坚持为"超级稻"的研究而努力。他酷爱游泳和气排球，用运动保持着旺盛的精力。他的人生，就是"为祖国健康工作五十年"生动的写照。

景海鹏，这个名字，是中国航天事业的骄傲。在太空的漫漫长夜，在失重的环境中，他坚持锻炼，坚持跑步。因为他知道，只有保持健康的体魄，才能完成航天的使命；只有保持旺盛的斗志，才能实现航天的梦想。他在太空的奔跑，就是对"为祖国健康工作五十年"最好的践行。

青年的使命

"为祖国健康工作五十年"，这句口号，不仅仅属于过去，更属于未来；不仅仅属于老一辈，更属于青年一代。在实现中华民族伟大复兴的征程中，青年人肩负着特殊的使命，承载着民族的希望。

当代青年，虽然拥有优渥的物质条件，但是也在承受着很大的压力。工作的压力，家庭的压力，生活的压力……这些压力，如果不能很好地应对，就会导致不同程度的心理疾病和身体疾病。而体育锻炼，正是应对这些疾病的良方，是防患于未然的法宝。

体育锻炼，不仅仅能增强体质，更能磨炼意志。在运动中，我们学会了如何面对困难，如何战胜自我；在运动中，我们领悟了团结协作的力量，领悟了公平竞争的意义。这些，都是人生必不可少的品质，都是实现理想必不可少的基础。

当代青年，处于一个最好的时代。这个时代，给了我们实现梦想的广阔舞台，给了我们施展才华的无限可能。但同时，这个时代也给了我们沉重的责任，给了我们不容推卸的使命。只有坚持在学习中强健体魄，在工作中心系祖国，我们才能不负这个伟大的时代，才能在实现中华民族伟大复兴的大潮中大有可为，大有作为。

一代人有一代人的长征

"为祖国健康工作五十年"，这句口号，已经成为一代又一代中国人的人生信条。从蒋南翔校长提出这句口号的那一刻起，无数的中国人就以此为目标，以此为追求，在各自的岗位上默默奉献，在各自的领域里不懈拼搏。

今天，我们比以往任何时候都更接近实现中华民族伟大复兴的目标，比以往任何时候都更需要"为祖国健康工作五十年"的精神。因为，民族的复兴，需要一代又一代人的接力奋斗；国家的富强，需要一代又一代人的不懈追求。

让我们继承和发扬"为祖国健康工作五十年"的精神，在健康的道路上不断前行，在奉献的道路上不断奋进。让我们以强健的体魄，以昂扬的斗志，以无私的奉献，为实现中华民族伟大复兴贡献自己的力量。

一代人有一代人的长征。在实现民族复兴的长征路上，"为祖国健康工作五十年"的口号，将永远激励我们前行，将永远鼓舞我们奋斗。

让我们携手并进，让我们共同努力，为祖国的健康，为民族的复兴，为人生的理想，奋斗五十年，奋斗一辈子！

明体达用

"为祖国健康工作五十年"这句口号，虽然诞生于半个多世纪前，但其蕴含的爱国情怀、健康理念、奉献精神和拼搏精神，在当今时代依然熠熠生辉，值得我们每一个人继承和发扬。

首先，这句口号体现了浓厚的爱国情怀。"为祖国"，这三个字道出了我们对祖国的无限热爱和忠诚。作为新时代的青年，我们生逢其时，享受着国家发展带来的机遇和红利。我们应该常怀感恩之心，把个人理想融入国家发展大局，把个人奋斗汇入时代洪流，在各自的岗位上为祖国的繁荣昌盛贡献自己的力量。

其次，这句口号倡导了全面发展的健康理念。"健康"，不仅仅是身体的健康，更是心理健康和精神健康。在当今快节奏、高压力的生活中，我们更需要通过体育锻炼来放松身心、磨炼意志。同时，我们也要注重心理健康，学会调节情绪，保持积极乐观的心态。只有身心都健康，我们才能以最佳的状态投入学习和工作中，才能更好地实现自己的人生价值。

再次，这句口号强调了无私的奉献精神。"工作"，是实现人生价值的途径。我们要以认真负责的态度对待每一份工作，在平凡的岗位上做出不平凡的业绩。在工作中创造财富、实现价值，不仅能够成就自己，也能为人民、为国家做出贡献。

最后，这句口号彰显了自强不息的拼搏精神。"五十年"，是一个漫长的时间跨度，意味着对事业的执着和坚守。在人生的道路上，我们难免会遇到各种困难和挫折，但只要我们怀揣梦想，坚定信念，持之以恒地努力拼搏，就一定能够战胜困难，实现理想。

作为青年一代，我们正处于人生热情最高涨、精力最充沛、经验日益丰富的黄金时期。我们应该抓住这宝贵的时光，在学习上刻苦钻研，在工作中勇于创新，在生活中保持激情。无论是在校园里还是在社会上，我们都要以"为祖国健康工作五十年"为目标，在自己的领域里脚踏实地、不懈奋斗，用青春和汗水书写无愧于时代的华彩篇章。

　　"为祖国健康工作五十年"，这句朴实而有力的口号，既是新时代的召唤，也是新青年的使命。让我们继承和发扬其中所蕴含的爱国情怀、健康理念、奉献精神和拼搏精神，以饱满的热情、旺盛的精力、丰富的经验投身于党和人民的伟大事业。让我们在实现中华民族伟大复兴的征程中，在个人与国家的命运紧密相连中，谱写出无愧于时代、无愧于历史的青春华章！

健康第一

健康是人生之本、教育之基。没有健康的身心，一切都无从谈起。
然而，在应试教育的重压下，学生的身心健康问题日益突出，亟须引起
社会各界的高度重视。习近平总书记在 2018 年全国教育大会上提出"健
康第一"的教育理念，为新时代教育改革指明了方向。树立健康第一的
教育理念，不仅仅关乎学生的全面发展，更关乎国家和民族的未来。

健康第一是重要的教育理念

健康第一作为教育工作的一项要求由来已久。陶行知是国内教育
领域最早提出"健康第一"的学者。1942 年，他在《每天四问》中写道：
"我们每天应该要问的，是'自己的身体有没有进步？有，进步了多
少？'为什么要这样问？因为'健康第一'。没有了身体，一切都完了！"
20 世纪 50 年代，在毛泽东的重视和推动下，"健康第一"逐渐成为我国

学校教育的基本理念。当前，由于学生学习负担过重，身体健康水平下降的问题日益突出，习近平总书记在 2018 年的全国教育大会上重申了"健康第一"的重要性，并将其提升到教育理念的高度。2020 年中共中央办公厅、国务院办公厅印发的《关于全面加强和改进新时代学校体育工作的意见》指出："坚持健康第一的教育理念，推动青少年文化学习和体育锻炼协调发展，帮助学生在体育锻炼中享受乐趣、增强体质、健全人格、锤炼意志，培养德智体美劳全面发展的社会主义建设者和接班人。"这意味着，树立健康第一的教育理念，不仅仅是加强体育锻炼的问题，更是关乎当代中国教育整体走向的重大问题。

树立健康第一教育理念，不仅要让教育关心健康，还要将其作为教育的最优先事项。树立健康第一教育理念，表达了扭转当前教育生态的迫切和决心，有助于唤醒和凝聚改变教育生态的力量。但必须指出，树立健康第一教育理念不是权宜之计。无论在什么时代，健康第一都应该是教育的应有之义和基本遵循。我们对健康及其与教育关系的认识越全面深入，就越会认同健康第一的教育理念。

健康是教育的基础和归宿

健康既是教育的起点和基础，也是教育的归宿和目的。1986 年，世界卫生组织在《渥太华宪章》中指出，健康意味着能够实现愿望、满足需求及应对环境，应该被视为日常生活的资源。健康是事业成功的前提，健康是奋发向上的保障，健康是延年益寿的秘诀。如果没有健康的身体，什么都无从谈起。

无论教育要达成何种具体目标，其首要任务就是呵护和促进身体健康，使学生不仅不受疾病侵扰，并且保持应有的活力和适应能力。苏霍姆林斯基指出："身体健壮，感到自己体力充沛，似乎有使不完的劲——这是树立生气蓬勃的世界观、培养乐观精神和做好克服困难准备的极为重要的条件。"

身体健康与心理健康是不可分割、相互促进的。人的身体和心理只要有一方面不健康，就不是真正的、可持续的健康。当教育造就的不是一个躯体或心灵，而是一个健康的人时，它的目的才有充分实现的可能，这才是一种科学有效的教育。健康第一，就是把人作为整体看待，把健康视为教育的每个阶段最重要的事情。这不仅是教育实践上的优先，更是教育逻辑上的优先。

健康是值得追求的理想状态和人生目标

健康不仅是一种资源，也是值得追求的理想状态和人生目标。对于成长中的大学生尤其如此。如果幸福是人们追求的终极目的，那么健康即便不是幸福的全部内容，也是其最基础的部分。教育以实现人的幸福为目标，就必然以实现人的身心健康为首要目标。洛克指出，"健康之精神寓于健康之身体"是"对于人世幸福状态的一种简洁而充分的描绘"。教育者首先要对学生进行身体和心理的健康教育，然后通过道德教育使他们的"精神保持正常，使之在一切场所的一切行为举止得当，合乎一个理性动物高贵美善的身份"。

教育要实现的健康状态，不仅是身心健康，而且是各个方面都获得自由发展。它不仅是拥有强健的身体和积极乐观的心理素养，还要拥有德行、智慧和教养。世界卫生组织将健康定义为"身体、心理和社会适应的完满状态"。虽然这一定义过于理想化，但它表征了人们对美好生活的共同追求，构成了教育应有的理想追求。

明体达用

健康第一是教育的理想追求，要将其付诸实践，需要每一位教育工作者的切实行动，尤其是一线教师的努力。虽然在当前的教育生态下，把学生的健康放在首位并非易事，但我们应认识到，教育能够改变人们对健康的忽视态度。正如康德所言，正确的教育理念虽然实行起来困难重重，但绝非不可能实现。将健康放在首位的教育理念之所以会成为可能，是因为它是教育工作者应尽的职责。

广大教育工作者若能认识到健康第一的科学性和正当性，就会产生回归育人正轨的责任感，有勇气突破惯性思维，将健康第一转化为教育职责。作为教育职责，健康第一意味着教师在教学中应遵守不伤害学生身心健康的原则。教师面对的是稚嫩的身体和敏感的心灵，更应谨慎对待，不去阻碍学生的自然生长。若教师的行为直接伤害学生健康，或鼓励学生为其他目的牺牲健康，那么他既没有做到以人为本，也没有将学生健康视为教育目的，更没有尽到基本的教育职责。

总之，健康第一作为教育理念，需要每位教师在日常教学中身体力行，以学生的健康成长为己任，用爱心和智慧呵护学生身心，用行动诠释教书育人的神圣职责，共同将教育理想照进现实。唯有如此，才能真正实现立德树人的根本任务，培养德智体美劳全面发展的社会主义建设者和接班人。

篮球，点燃乡村的梦

简陋的露天球场，临时架设的灯光设施，敲打矿泉水瓶、脸盆、大钹的啦啦队……2022年，一场散发着乡土气息的"草根"篮球赛事火了。这就是在贵州省黔东南州台江县举行的"美丽乡村"男子篮球联赛，被网友亲切地称为"村 BA"。

"村 BA"是一项由当地村民自发组织、参与的体育赛事。它没有豪华的赛场，没有专业的球员，没有商业化的运作，却拥有最纯粹的热爱，最真挚的情感，最振奋人心的力量。

乡村，篮球的热土

在"村 BA"的赛场上，你看不到 NBA 球星的风采，也听不到世界杯赛场上的欢呼，但你能感受到一种发自内心的热爱，一种源自生活的激情。"村 BA"的参赛球员，大多是22岁至40岁的村民。他们有的在当地务农，有的经营小本生意，有的在外地打工，但只要赛事开始，他们就会放下手中的活计，回到村子里，投入篮球的怀抱。

对他们来说，篮球不仅是一项运动，还是一种情感的寄托、精神的象征。在球场上挥洒汗水，在比赛中拼搏奋战，他们感受到了生命的律动，体验到了存在的意义。

在诞生"村BA"的贵州，篮球有着深厚的群众基础。很多村子都有自己的球队，很多村民都是篮球的忠实拥趸。篮球，已经融入了他们的血液，成为他们生活中的一部分。

正是在这样的土壤里，"村BA"生根发芽，茁壮成长。它不是外来的植入，而是乡村自身的选择；它不是商业的产物，而是民间的创造。它代表着乡村文化的生命力，彰显着基层体育的魅力。

赛场，梦想的舞台

"村BA"的赛场，虽然简陋，但它是梦想的舞台。在这里，没有专业的球员，但有最纯粹的拼搏；没有完美的技术，但有最炽热的情感。参赛球员们也许不会扣篮，也很少能做出技惊四座的动作，但他们的每一次运球，每一次传球，每一次投篮，都饱含着对篮球的热爱，对胜利的渴望。

"村BA"的比赛，总是被附近十里八乡的乡亲们围得水泄不通。他们用最朴素的方式，为球员加油助威。矿泉水瓶、脸盆、大钹……这些再普通不过的东西，在他们手中变成了最动人的乐器，奏响了最激昂的旋律。

这种场景，让人想起了《灌篮高手》中的一幕。当湘北高中的球员们在全国大赛中奋力拼搏时，他们的母校也在为他们加油。学生们敲打着课桌，喊着口号，用尽全力为自己的球队呐喊。那一刻，球场内外，心心相印，共同演奏出一曲青春的赞歌。

"村BA"的赛场，同样充满了这种纯粹的热情。无论球员还是观众，无论场内还是场外，都沉浸在篮球的欢愉中，都为着同一个梦想而奋斗。

直播，乡村的窗口

"村BA"的影响力，远不止于赛场。通过网络直播，它走出了大山，走进了更多人的视野。

在最后的总决赛中，仅一个直播间就吸引了超过百万的网友观看。人们通过屏幕，见证了"村BA"的精彩，感受到了乡村的活力。甚至连中国篮球的标志性人物姚明，都发出了"我不确定我能拿到票"的感慨。

"村BA"的直播，不仅仅是一场体育赛事的转播，更是一扇了解乡村、走进乡村的窗口。通过这扇窗口，城市居民看到了一个不一样的农村，一个充满激情、富于创造的农村。这对于城乡交流、对于社会理解，都有着重要的意义。它打破了人们对农村的刻板印象，展现了农村文化的多元面貌。它告诉我们，农村不是落后和贫瘠的代名词，而是一片充满希望和活力的土地。

启示，文化的力量

"村BA"的成功，给了我们深刻的启示：农村文化建设、村风民风滋养，绝非简单的外部输入，它们需要在田野上、村庄中找到内生动力。

这种动力，可以是体育，可以是音乐，可以是舞蹈，可以是文学，可以是一切生长在广袤大地深处的文化的花朵。它们以各自的方式，展现着乡村的魅力，传递着乡村的声音。

"村BA"以富有本地特色、被当地大众接受的形式展示出来，打破了不少人对体育赛事的刻板印象，大家没想到体育比赛竟然还能有如此新鲜、灵动、具有生命力的面貌。

这启示我们，文化建设要尊重地方特色，要发掘民间智慧，要激发内在活力。只有扎根于人民的土壤，文化才能焕发出最绚丽的光彩；只有回应人民的需求，文化才能产生最广泛的影响。

乡村，梦想的起点

"村BA"不仅仅是一项体育赛事，更是一个文化符号、一个时代印记。

它象征着乡村的活力，彰显着基层的力量。它告诉我们，在广袤的农村大地上，有着无限的可能，有着无尽的希望。

乡村，不是梦想的终点，而是梦想的起点。从这里出发，我们可以走向更广阔的天地，可以创造更美好的未来。

让我们以"村BA"为榜样，在体育的赛场上，在文化的土壤中，在梦想的道路上，不断奋进，不断超越。让我们用奋斗的汗水，用拼搏的力量，谱写乡村振兴的新篇章，绘就中国梦的新画卷。

篮球，点燃乡村的梦。梦想，从这里起航。

明体达用

"村BA"不仅仅是一项"草根"的体育比赛，更是全民健身、乡村振兴、文化建设的生动实践。它展现了体育的社会价值，彰显了文化的巨大力量。这启示我们，要立足基层实际，要尊重人民意愿，要发掘内生动力。只有这样，才能在新时代的征程中激荡出更加磅礴的力量，谱写出更加壮丽的篇章。

1. "村BA"是全民健身战略在基层的生动实践

全民健身是国家战略，旨在提高全民族身体素质和健康水平。农村是全民健身的重要阵地，农民占据了我国人口的大多数。"村BA"以农民喜闻乐见的方式，将体育运动带到田间地头，让农民在家门口就能参与健身，这对于推动全民健身在基层落地生根具有重要作用。"村BA"展现了体育在乡村有着广泛的群众基础。

2. "村BA"为乡村振兴注入了文化动力

乡村振兴，关键在人，关键在文化。一个地区的发展，归根结底要依靠当地人民的力量。而文化，是凝聚人心、激发活力的重要力量。"村BA"不仅仅是一项体育赛事，更是乡村文化建设的生动实践。它展现了农村的文化创造力，彰显了乡土文化的魅力。通过"村BA"，农民找到了精神的寄托，找到了情感的归属。这对于提振乡村精气神、激发内生动力，具有十分重要的意义。

3. "村BA"搭建了城乡交流的桥梁

通过网络直播，"村BA"走出了大山，走进了更多人的视野。它展现了充满活力与希望的乡村，打破了人们对农村的刻板印象。这对于促进城乡交流、增进社会理解具有积极作用。城里人通过"村BA"看到了农村的变化，感受到了农民向上的精神面貌。这有助于破除城乡隔阂，促进城乡一体化发展。

4. "村BA"为乡村发展提供了宝贵启示

它告诉我们，乡村振兴要扎根乡土，要尊重民意，要发掘内生动力。外部输入固然重要，但更关键的是激活内部潜力。文化建设要从农民需求出发，要以农民喜闻乐见的方式展开。只有这样，才能真正触动农民的心灵，才能充分调动农民的积极性。

清华，体育的摇篮

清华大学（1911 年清华学堂创建，1912 年更名为清华学校，1928 年更名为国立清华大学）自开办以来，体育一直是其重要的办学特色。清华大学一以贯之的校园体育文化，更是让其拥有了"无体育，不清华"的美誉。

先行者的脚步

时间回溯到 1919 年。这一年，国内最先进的健身房——清华学校体育馆落成。在那个体育还是一个相对陌生的概念的年代，清华学校已经正式开设了体育课，并规定学生每周必须修两个小时的体育课程。这在当时的中国，可谓是一项革命性的举措。

清华学校的这一决定，不仅仅是对学生身体素质的重视，更是对教育理念的一次大胆革新。它向世人宣告：体育，不再是课余活动，而是教育不可或缺的一部分；体育，不再是少数人的权利，而是每个学生都应该享有的权利。

这一举措，为中国的体育教育点燃了一盏明灯。它告诉我们，教育的目的，不仅仅是传授知识，更是塑造完整的人。而体育，正是这种塑造的重要手段。

体育的迁移价值

1926 年，马约翰担任清华学校体育部主任。这位留洋归来的体育教师，给清华的体育教育带来了一个新的概念——"体育的迁移价值"。

在马约翰看来，体育不仅仅是强身健体的工具，更是塑造人格、锤炼意志的利器。通过体育，学生们可以培养团队合作、公平竞争、不畏困难等宝贵品质。这些品质，不仅在运动场上适用，还能迁移到学习和生活的方方面面。

马约翰的理念，给清华的体育教育指明了方向。从那时起，清华的体育，不再仅仅是单纯的身体锻炼，而是一项全面的育人工程。它的目标，是通过体育的手段，培养身心健康、意志坚强、品格高尚的新一代。

为祖国健康工作五十年

1957 年，蒋南翔担任清华大学校长。这位德高望重的老校长，给清华的体育教育赋予了一个新的使命——"为祖国健康工作五十年"。

在蒋南翔看来，体育不仅仅是个人的事情，更是一项国家大计。一个国家的强盛，需要一代又一代健康的国民；而培养这样的国民，教育责无旁贷，体育更是重中之重。

"为祖国健康工作五十年"是每一位清华人的奋斗目标。它饱含着清华人对祖国的热爱，对建设的渴望。这种情感，在体育场上得到了最好的诠释。每一次挥汗如雨的训练，每一次拼搏到底的比赛，都是清华人用行动写就的爱国篇章。

育人至上，体魄与人格并重

进入 21 世纪，清华的体育教育迎来了新的思考。2001 年，时任学校党委常务副书记陈希提出了"育人至上，体魄与人格并重"的体育教育观。

这一理念，是对清华体育传统的继承和发展。它告诉我们，体育的根本目的，是育人。而育人，不仅仅是塑造强健的体魄，更是塑造高尚的人格。体魄与人格，就像一枚硬币的两面，缺一不可，相辅相成。

在这一理念的指引下，清华的体育教育更加注重全面发展。它不仅关注学生的身体素质，还关注学生的心理健康、道德品质。通过体育，清华培养了一批又一批身强体壮、意志坚定、品德高尚的优秀学子。

一流的体育教育

2021 年，时任清华大学党委书记陈旭提出："中国特色世界一流大学的建设，离不开一流的体育教育。"这句话，为新时代的清华体育指明了方向。

在陈旭看来，体育教育的水平，是衡量一所大学是否一流的重要标准。一流的大学，必须有一流的体育教育；而一流的体育教育，必须与时俱进，必须与国际接轨。

在这一理念的指引下，清华的体育教育迈上了新的台阶。学校不断加大体育设施的投入，不断引进世界先进的教学理念，不断提高体育教师的专业水平。清华的体育，正在向着世界一流的目标不断迈进。

体育的力量

一代又一代清华人对体育精神的不断思考，对体育育人理念的不断探索，对体育活动发自肺腑的热爱和实践，对体育传统的继承和发扬，为新中国体育教育发展史谱写了生动的注脚。

这些注脚，不仅仅记录了清华体育的辉煌历史，更诠释了体育的深刻内涵。它告诉我们，体育是一种教育，是一种文化，是一种精神。

这种精神，激励着一代又一代清华人在体育场上挥洒汗水，在人生道路上不懈奋斗。它给了他们强健的体魄、坚定的意志、高尚的品格。这，就是体育的力量。

相信在未来，清华的体育教育会继续发扬光大，继续为国家培养更多更优秀的建设者和接班人。而那句"无体育，不清华"的誓言，也将继续激励着每一个清华人，为实现中华民族伟大复兴的中国梦而不懈奋斗。

明体达用

清华大学的校园体育文化，以其深厚的历史底蕴、独特的教育理念和丰富的实践活动，对大学生尤其是清华学子产生了深远的影响。"无体育，不清华"和"为祖国健康工作五十年"这两句口号，不仅体现了清华大学对体育的重视，还凸显了体育在全面育人中的重要作用。

首先，清华大学的校园体育文化强调"体育的迁移价值"，即通过体育锻炼培养学生的团队合作、公平竞争、不畏困难等宝贵品质。这些品质不仅在运动场上适用，还能迁移到学习和生活的方方面面，为学生的全面发展奠定坚实的基础。

其次，清华大学的体育教育理念"育人至上，体魄与人格并重"，强调通过体育锻炼塑造完整的人。这一理念不仅关注学生的身体素质，还关注学生的心理健康、道德品质，通过体育活动，培养学生的社会责任感和集体荣誉感。

此外，清华大学的体育活动丰富多彩，从"马约翰杯"田径运动会到校园马拉松，从"阳光长跑"计划到"赤足"运动会，这些活动不仅丰富了学生的课余生活，还激发了学生对体育的热爱，培养了学生的运动习惯。

冰雪之约，从盐湖城到北京

时间的车轮碾过二十年的光阴，从 2002 年的盐湖城到 2022 年的北京，中国冰雪运动走过了一段不平凡的历程。

二十年前，当杨扬在盐湖城的赛场上滑过终点线的那一刻，中国冰雪运动历史翻开了新的一页。那一枚闪耀的金牌，不仅仅是中国冬奥会金牌"零的突破"，更是中国冰雪人的梦想起航。

二十年后，当北京冬奥会的大幕徐徐拉开，中国健儿以 9 金 4 银 2 铜的骄人成绩，书写了中国冰雪新的辉煌。那一张张洋溢着自信与喜悦的面孔，诉说着中国冰雪腾飞的不凡历程。

科技之力，助力冰雪腾飞

从盐湖城到北京，中国冰雪运动实现了一次惊人的跨越。在这短短二十年间，中国冰雪人是如何缩短与世界强国的差距，完成这一次华丽转身的呢？答案是科技的力量。

"科技立则民族立，科技强则国家强。"在中国冰雪健儿摘金夺银的背后，既有他们刻苦训练的汗水，又有着"中国智慧"的科技力量支撑。

为了助力北京冬奥会，中国航天科技集团有限公司为国家体育总局建造了三个具有世界先进水平的体育风洞。在这里，跳台滑雪运动员可以摆脱天气的限制和受伤的风险，在风洞中模拟比赛，优化每一个动作；钢架雪车运动员可以在风洞中体会到毫厘之差的偏差，找到最完美的滑行姿态。

"如果没有像风洞这样的科技助力帮助我迅速掌握跳台滑雪的技术，我还只是一个越野滑雪运动员。"中国首个获得冬奥会北欧两项参赛资格的运动员赵嘉文如是说。是的，科技的力量，让更多的中国运动员有机会站上冬奥会的舞台，展现自己的风采。

冰雪产业，经济新引擎

冰雪运动的腾飞，不仅仅在于竞技体育的成绩，更在于带动了整个冰雪产业的发展。

曾几何时，滑雪在很多中国人眼中，是一项高端消费的运动。随着冰雪运动的普及，越来越多的人走进了滑雪场，体验到了冰雪运动的魅力。

数据显示，在 2015 年北京申办冬奥会成功后，中国滑雪人次从 2015 年的 1250 万人次增长到 2022 年的约 2000 万人次，滑雪场从 2015 年的 500 多家增长到 2022 年的 800 多家，冰雪产业的总规模从 2015 年的 2700 亿元增长到 2022 年的 8000 亿元。

冰雪运动，正在成为中国经济的新引擎。从冰雪装备制造到冰雪旅游，从冰雪培训到冰雪赛事……一个个冰雪产业链条正在形成，一个个冰雪小镇正在崛起，冰雪经济正在成为区域发展的新动能。

冰雪文化，融入百姓生活

冰雪运动的魅力，不仅仅在于竞技，更在于文化。随着冰雪运动的普及，冰雪文化也正在悄然融入百姓的生活。

在北京的街头，在哈尔滨的公园，在张家口的乡村，越来越多的人开始享受冰雪带来的乐趣。他们或滑冰或打雪仗，或堆雪人或赏冰灯，冰雪已经成为他们生活中不可或缺的一部分。

冰雪文化，正在成为中国文化走向世界的一张名片。2022 年北京冬奥会的开幕式上，二十四节气倒计时的创意，冰屏上的中国书法，都向世界展示了独特的中国冰雪文化魅力。

文化的交流，让世界了解中国，让中国走向世界。冰雪，正在成为连接中国与世界的桥梁。

冰雪未来，任重而道远

二十年的发展，中国冰雪运动取得了令世界瞩目的成就，但我们也要清醒地认识到，与冰雪强国相比，我们还有很长的路要走。

在竞技体育方面，我们需要在更多项目上实现突破，需要培养更多的优秀冰雪人才。在群众体育方面，我们需要让更多的人参与到冰雪运动中来，需要建设更多的冰雪场地设施。在冰雪产业方面，我们需要培育更多的优秀冰雪企业，需要打造更多的具有国际影响力的冰雪品牌。

路曼曼其修远兮，吾将上下而求索。中国冰雪人正在用自己的方式，书写着冰雪发展的新篇章。

冰雪之约，未来可期

二十年前，盐湖城的金牌，点燃了中国冰雪的梦想。
二十年后，北京的冬奥会，见证了中国冰雪的腾飞。

从盐湖城到北京，是一段荣耀的历程，也是一段奋斗的历程。它凝聚着几代中国冰雪人的心血，诉说着中国冰雪腾飞的故事。

今天，让我们为过去的成绩喝彩，为现在的努力点赞，为未来的梦想祝福。

冰雪之约，未来可期。让我们携手并肩，共同谱写中国冰雪新的篇章！

明体达用

北京冬奥会的成功举办，不仅仅展现了中国的综合国力和组织能力，更凝结了中华民族的精神气质。在这场冰雪盛会中，胸怀大局、自信开放、迎难而上、追求卓越、共创未来的北京冬奥精神熠熠生辉，为我们创造了宝贵的精神财富。

1. 北京冬奥会体现了胸怀大局的战略视野

习近平总书记说，"办好北京冬奥会、冬残奥会，是党和国家的一件大事"。申办冬奥会，不仅仅是举办一场体育赛事，更是一项关乎国家发展、民族复兴的战略抉择。中国以大国担当和世界眼光，将冬奥会作为推动区域协调发展、促进冰雪产业升级、展示国家形象的重要契机，展现了高瞻远瞩的战略视野。

2. 北京冬奥会彰显了自信开放的大国气度

面对"两个大局"的双重考验，中国以开放包容的姿态，同各国运动员和观众分享冬奥会的激情与喜悦。在严格的疫情防控措施下，赛事组织井然有序，后勤保障有力有效，体现了中国的制度优势和治理效能。同时，中国以文化自信和价值观自信，将中华文化的内涵融入开幕式、闭幕式等各个环节，向世界展示了独特的冰雪文化魅力。

3. 北京冬奥会凝聚了迎难而上的奋斗精神

从竞技体育到群众体育，从冰雪装备到冰雪产业，中国冰雪事业在短短二十年间实现了跨越式发展，这背后凝结着几代冰雪人的心血和汗水。面对项目少、基础差等困难，中国冰雪健儿发扬"拼搏奉献、超越自我"的精神，在科技创新的助力下，在众多项目上实现了历史性突破。这种迎难而上、敢于拼搏的精神，值得每一个中国人学习。

4. 北京冬奥会诠释了追求卓越的进取意识

从筹办到举办，中国以"办奥运就要办最好"的责任担当，在场馆建设、赛事组织、城市运行等方面精益求精，力求把这届冬奥会办成一个"简约、安全、精彩"的奥运盛会。无论是云顶滑雪公园的"雪如意"，还是首钢滑雪大跳台的"雪飞天"，都展现了中国在追求卓越中实现创新发展的进取精神。

5. 北京冬奥会昭示了共创未来的时代要求

北京冬奥会不仅属于运动员，也属于每一个普通人。从"三亿人参与冰雪运动"目标的提出到冰雪产业总规模增长到 8000 亿元，冰雪运动正在融入百姓生活，成为中国经济的新引擎。未来，中国冰雪事业还有很长的路要走。让我们以冬奥会为新的起点，在竞技体育、群众体育、冰雪产业等方面持续发力，在追梦的道路上砥砺前行。

冰雪之约，未来可期。胸怀大局、自信开放、迎难而上、追求卓越、共创未来的北京冬奥精神，必将激励我们在实现中华民族伟大复兴的新征程上再创佳绩，书写更加灿烂的篇章。让我们携手并肩，以北京冬奥精神为指引，共同谱写中国冰雪事业发展的新篇章！

"东方文化瑰宝"太极拳

在中华民族悠久的历史长河中，有一项传统武术如一颗璀璨的明珠，熠熠生辉。它，就是太极拳。

2020年12月17日，这颗明珠，终于在世界舞台上，绽放出夺目的光彩。这一天，太极拳被正式列入联合国教科文组织的世界人类非物质文化遗产名录。

这一刻，是中国传统武术的光荣时刻。这一刻，也是中华文化走向世界的骄傲时刻。

12年的申遗之旅，终于画上了圆满的句号。但太极拳的故事，却远未结束。它将继续在世界舞台上，展现中华民族的智慧和魅力。

一部武术的发展史诗

太极拳，源于道家阴阳五行的哲学思想，形成于17世纪的中国。

在漫长的发展历程中，太极拳吸收了儒、道、佛等多家思想的精华，形成了独特的理论体系和技术特点。它讲究阴阳相济，动静结合，柔中寓刚，刚柔相济。

从陈王廷创立太极拳，到杨露禅、吴鉴泉等人的发展创新，再到孙禄堂、杨澄甫等人的推广普及，太极拳经历了一代又一代武学大师的传承和发展。

今天，太极拳已经发展成为一项内容丰富、流派众多的传统武术。陈式、杨式、吴式、武式、孙式等各大流派各具特色，各展风采。

太极拳，不仅仅是一项武术，更是一部中华武学的发展史诗。它见证了中国武术的传承和创新，也见证了中华文化的博大精深。

一项全民的健身运动

太极拳，不仅仅是武术家的专属，更是全民的健身运动。

习练太极拳，不分性别，不分年龄，不分体质，不分职业，不分民族。无论你是少年还是老者，无论你是农民还是学者，无论你是汉族还是少数民族，都可以习练太极拳。

清晨的公园里，夕阳下的广场上，都能看到习练太极拳的身影。他们或独自练习，或结伴而行；他们或舒展筋骨，或冥思养神；他们或追求健康，或寻求内心的宁静。

太极拳，已经成为中国人生活中不可或缺的一部分。它不仅仅是一项运动，更是一种生活方式、一种人生哲学。

通过习练太极拳，人们在修身养性、强身健体的同时，也在潜移默化中体悟着中华民族的优秀传统文化。

一种文化的精神内核

太极拳，不仅仅是一项技术，更是一种文化、一种精神。

在太极拳的动作中，我们可以看到阴阳循环、天人合一的中国传统哲学思想。这种思想，丰富着我们对宇宙、自然和人体运行规律的认知，启发着我们对生命和人生的思考。

在太极拳的交往中，我们可以感受到和而不同的文化追求、和睦相处的交往智慧。这种追求和智慧，倡导互利共赢的价值观念，涵养着我们平和、包容、友善的心性。

太极拳，已经成为中华文化的一个缩影、一个象征。它不仅展现了中华武学的博大精深，还展现了中华文化的独特魅力。

通过太极拳，我们不仅可以强身健体，还可以修身养性；我们不仅可以提高技艺，还可以升华精神。

一次文化的世界对话

太极拳的申遗成功，不仅仅是太极拳的胜利，更是中华文化的胜利。

在全球化的今天，文化的交流和对话变得越来越重要。每一个民族，都需要向世界展示自己的文化，都需要与其他文化进行交流和对话。

太极拳，就是中华文化走向世界的一张名片、一个窗口。通过太极拳，我们可以向世界展示中华文化的深厚底蕴，可以与世界分享中华民族的智慧结晶。

同时，太极拳也是一座文化交流的桥梁。通过太极拳的习练、比赛、交流，世界各地的人们可以相聚一堂，可以增进理解，可以加深友谊。在太极拳的连接下，不同文化可以相互对话，不同文明可以互学互鉴。

太极拳的申遗成功，开启了中华文化与世界对话的新篇章。我们相信，在未来，会有更多的中华优秀传统文化在与世界的交流中，获得新的生命，焕发新的光彩。

一个文化的未来愿景

今天，让我们为太极拳的申遗成功喝彩。这不仅仅是太极拳的胜利，更是中华文化的胜利，是中华民族的胜利。

但我们也要知道，申遗成功，不是终点，而是新的起点。我们要在传承中创新，在保护中发展，让太极拳在新的时代焕发新的生机。

我们要继续推广太极拳，让更多的人参与到习练中来。我们要继续研究太极拳，挖掘其中蕴含的文化精髓。我们要继续弘扬太极拳，让它成为中华文化走向世界的重要载体。

让我们携手并进，共同守护这一文化瑰宝，让中华文化在与世界的交流中绽放出更加绚丽的光彩！太极拳申遗成功是保护和传承中华优秀传统文化的新起点，相信未来更多的中华优秀传统文化也将在守正创新、开放发展中获得时代新生，走上国际舞台，共同彰显中华民族的伟大智慧和深厚底蕴。

明体达用

1. 文化传承需要薪火相传、代代守护

太极拳能够传承至今，并最终成功申遗，离不开一代代武学大师和习练者的努力。他们或创新发展，或推广普及，将太极拳的精髓一代代传递下去。这启示我们，文化的传承，需要我们每一个人的参与和守护。只有代代相传，文化才能生生不息。

2. 传统文化需要与时俱进、创新发展

太极拳在传承的过程中，不断吸收新的养分，不断与时代对话。各种流派的形成，就是创新发展的结果。这启示我们，传统文化要想在新的时代焕发生机，就必须与时俱进，在传承中创新，在创新中发展。

3. 文化交流需要开放包容、互学互鉴

太极拳在世界范围内的传播，促进了中外文化的交流。习练太极拳的，不仅有中国人，还有许多外国友人。这启示我们，文化的交流，需要开放和包容的心态。只有互学互鉴，才能实现文明的对话和融合。

4. 文化自信源于文化自觉、文化自强

太极拳申遗成功，彰显了我们对自己文化的认同和自信。这种自信，源于我们对自己文化的深刻理解和传承发展。这启示我们，文化自信，不是自我封闭，而是在文化自觉和文化自强的基础上，在与世界的交流中实现的。

5. 每一个人都可以成为文化的传播者和践行者

太极拳的习练者遍布全国各地，涵盖各行各业。他们用自己的方式，传播和践行着太极文化。这启示我们，每一个人，无论身在何处，无论从事何种职业，都可以成为文化的传播者和践行者。文化的传承和发展，需要我们每一个人的参与。

太极拳申遗成功，不仅仅是太极拳的胜利，更是中华文化的胜利。它告诉我们，文化的力量，可以跨越时空，可以连接世界。它激励我们，要以文化自信的姿态，走向世界，与世界对话。它呼唤我们，要成为文化的传承者、创新者和践行者，共同书写中华文化的新篇章。

让我们从太极拳的故事中汲取智慧和力量，让我们在传承和发展中华优秀传统文化的道路上不断前行，让中华文化在与世界的交流中绽放出更加绚丽的光彩！

生活与体育相结合：钟南山

1936 年 10 月，钟南山出生于江苏南京的南京中央医院。因为这所医院位于南京钟山的南侧，在这所医院任儿科医生的钟世藩，便为自己的儿子取名为南山。钟南山成长于医学世家，他的父亲、母亲、舅舅、姨父都是学医的。小时候的钟南山，就经常感受到医生家庭的快乐。晚上，经常有家长带着生病的孩子来找钟南山的父亲看病，当看到孩子得到了很好的治疗并开始恢复的时候，大家都非常高兴。父亲高兴的样子，给小小的钟南山打下了深深的烙印。在钟南山的心目中，医生是一个很高尚的职业，这使他在后来毅然决然地选择了医学。

跑步是愉快的过程

儿时的钟南山，同千千万万的调皮小子一样，上树下河的事情没少做过。他上树摘果，下河摸鱼，奔跑于山野田间，体格越来越强健，耐力也越来越好。

钟南山回忆这段时，显得很顽皮。他认为跑步本身就是一种愉快的过程。他常把这种愉快的情绪带到日常的工作和生活中。他的办公室在五层，如果没有特殊情况，钟南山从不乘电梯。

1954年，上了中学的钟南山，第一次代表学校参加广州市的运动会就获得了400米的第4名。这个成绩，过了半个多世纪，他依然记在心头。

走进专业体育

1955年4月，钟南山又参加了广东省田径运动会，这一次他不仅获得400米冠军，还以57.5秒的成绩打破了当时广东省纪录。几天之后，他被通知参加在上海举行的全国田径锦标赛。此时，距他参加高考的时间还有两个月。是参加全国田径比赛，还是复习功课准备高考，给钟南山一家出了难题。在这个问题上，钟南山和父亲发生了矛盾。最终对运动割舍不下的钟南山，还是去了上海，那一次在全国比赛拿了个第三名。这是钟南山第一次参加全国性比赛。不过，体育比赛并没有耽误钟南山参加高考。

选择学医

全国比赛后，当时的中央体育学院发函到学校，要钟南山进校做专业队员。而这时，钟南山的高考成绩已经下来，钟南山被北京医学院录取。选择中央体育学院，还是选择北京医学院，成了摆在钟南山面前的难题。最终是父母的影响，决定了他今后的方向。

给自己安排的第一堂课

1955年9月，钟南山迈入了北京医学院医疗系。到校后的第一天，他首先去了田径场，给自己上了第一堂课：练习起跑。北京医学院的体育老师赵学鸿提起此事，记忆犹新。赵学鸿说："我认识钟南山就是在田径场上，当时学校刚开学还没有上课。我看到一个人在那里练起跑，我觉得很奇怪，就过去看他，并指导了他一下。他练习完后，问我：咱们学校有一个叫赵学鸿的吗？我说你认识他吗？他说我在《新体育》上看见他写的文章了。我说我就是。就这样，在开学的第一天我们就相识了。"

钟南山在北京医学院读书的同时，仍没有放弃对运动的追求。经过努力，他在入学一年后不仅专业成绩优秀，田径成绩也突飞猛进。1956年，钟南山获得了九院校运动会的400米第一名，并被评为北京医学院"三好"学生，在人民大会堂受到周总理的接见。

2004年，在已更名为北京大学医学部的田径运动会秩序册的最后一页上，仍能找到钟南山1959年在本校的运动会和市高校的运动会的成绩，在过去的45年中，一直没有人能够打破他的纪录。

参加北京市运动队

1958年，钟南山代表北京医学院参加北京市运动会，获得10项全能第二名，第一名是全国纪录保持者。在那次比赛后，北京市体委看中了他，让他参加全运会的集训，专攻跨栏。此时的钟南山，其实已经是一位真正意义上的职业运动员了。

北京队的跨栏好手林立，钟南山在北京队的集训是一波三折。在1959年5月进行的全运会选拔赛上，他的成绩不太理想。当参加全运会的人员定了下来后，钟南山在训练中几次打破了全国纪录。现任国际田径联合会终身荣誉副主席的楼大鹏，当时是钟南山在北京集训队的队友。他回忆道："我印象中当时他的成绩是 54.3 秒左右，就是全运会前。当时大家集训，进步很快，有四个运动员达到 54 秒多，我的印象中他们是周连丽、梁思强，还有袁旦，钟南山排第四位。他的成绩虽然破了全国纪录，但最后还是落选了，没能够代表北京市参加比赛。"钟南山说："实际上是成绩出来晚了，要是我参加全运会的话，大概能取得第三名吧。"很遗憾，钟南山就这样与第一届全国运动会擦肩而过。

此后，钟南山在 1960 年、1961 年参加了北京市运动会的 200 米栏、400 米栏比赛，都取得了好成绩。当时北京队希望钟南山留在队里，在当时北京队的伙食还不错，对不少人有很大吸引力。钟南山放弃了在那个年代能吃得饱的北京队，回到了北京医学院。从那时起，他再也没有离开医学半步。

明体达用

钟南山院士的人生经历启示我们，体育不仅是强身健体的手段，也是塑造人格、成就事业的重要途径。只有将体育精神融入学习和工作中，才能在健康的基础上实现人生的理想和抱负。

首先，钟南山院士从小就热爱体育运动，在北京医学院读书期间创下了多项校运会纪录，甚至作为业余选手参加了第一届全运会并打破全国纪录。这为他日后的医学事业打下了坚实的体魄基础。正如他所说："在我的一生里，体育锻炼对我的健康以及事业发展起到了很关键的作用。"

其次，钟南山院士始终坚持终身体育的运动理念。即使在最繁忙的工作中，他也会抽出时间锻炼，甚至出差时也会随身携带简易器材。正是凭借这种良好的生活方式，他在 80 多岁高龄时依然精力充沛，能够奋战在抗疫一线。这充分体现了体育是增强体魄、塑造人格、磨砺意志不可或缺的手段。

再次，钟南山院士倡导"生活与体育相结合"的健康理念。他认为体育不应局限于竞技，而应该成为像吃饭睡觉一样不可或缺的生活方式。这种理念在他的家庭中得到了很好的践行，他的妻子、女儿、儿子乃至外孙都是体育爱好者和运动健将。

最后，钟南山院士身体力行地展现了"健康第一"的价值。他用自己的人生经历证明，体育不仅能提高身体素质，还能增强集体荣誉感、培养竞争精神和提升生活质量。这与当前提倡的"健康第一"理念不谋而合。

喜爱游泳和气排球：袁隆平

 2021 年 5 月 22 日，"共和国勋章"获得者、"杂交水稻之父"、中国工程院院士袁隆平因病医治无效在长沙逝世。这位为我国及世界粮食安全做出不可磨灭贡献的老人生前曾一直强调自己的两个梦想："禾下乘凉梦"和"杂交水稻覆盖全球梦"。其实，年轻时代的袁隆平，还曾做过一个"体育报国梦"。

 袁隆平的母校武汉博学中学前身是一所教会学校。在这里就读期间，袁隆平喜欢上了游泳和球类运动。1947 年，湖北省举办全省体育运动会，学校挑选了十多名体格魁梧的同学参加游泳选拔赛，而袁隆平因为"个子太小"被体育老师拒绝，但他却在出发那天悄悄让一名同学用自行车驮着他跟了去。老师无奈笑道："你既然来了，就试试看吧！"结果出乎所有人预料，那次选拔赛，袁隆平获得 100 米和 400 米自由式两个第一，并且在随后的省运会上拿到两块银牌。

1952年，在西南农学院（现重庆西南大学）上学的袁隆平报名参考空军，打算奔赴抗美援朝前线。当时全校共有800多名学生报名，但经过36个项目考核之后只有8个人合格，袁隆平就是其中之一。后来因为战事缓和，国家需要建设，加之当时大学生本来就很少，已经参加完欢送会的袁隆平和他的同学们又被退了回来。

当年，袁隆平还参加过贺龙元帅主持的西南地区运动会。结果在成都美食的诱惑下，袁隆平比赛前一天"吃坏了肚子影响了发挥"，最终遗憾排名第四。"当时排在我前面的三个人都进了国家队。"袁隆平后来在回忆时打趣道，"飞行员没有当上，国家队选拔把我淘汰了，我是没办法才选择了搞农业。"

游泳是袁隆平一辈子的爱好。为了庆祝与夫人邓则的新婚，袁隆平甚至夜里11点还拉着邓则的手去河里游泳。为了预防渔民放置的渔网缠住脚，袁隆平专门带了一把小剪刀，然后两人"游了个痛快"。进入湖南杂交水稻研究中心工作后，袁隆平和团队成员每年12月到次年4月都要前往海南三亚的南繁基地进行科研攻关。早几年身体状况允许时，袁隆平几乎每天都要去海里畅游一番。

除了游泳之外，袁隆平最爱的体育项目就是气排球了。"不管在场上还是在场下，他都非常投入，乐在其中。"杂交水稻国家重点实验室副主任吴俊回忆，袁老打不动球了，他要么在赛前上场开个球过过瘾，要么坐在场下助威，谁打了好球就大声叫好，碰到哪个打得匡瓢（长沙方言，意思是办砸了事情），"他就在场下哈哈大笑"。

进入耄耋之年后，袁隆平喜欢自称为"80后""90后"。他喜欢看单位的年轻后辈打气排球，不愿意加入"老年队"。他曾这样形容自己："80岁的年龄，50岁的身体，30岁的心态。"

2017年，湖南省农科院举行气排球比赛，有采访任务的记者前去体育馆采访袁隆平。比赛开始前，袁隆平坐在主席台的位置上接受记者的采访，尽管滔滔不绝，但眼睛却一直盯着场上。突然，随着一声哨响，比赛开始了，这个时候袁隆平立刻用手把站在他侧前方的记者推开，像个小孩子一样说道："先不采了先不采了，你让开，我要看球了。"

袁隆平90岁生日的时候，坐在沙发上和大家闲聊，他说起自己最喜欢的运动员是郎平，因为女排精神曾经一度给予了他很大的鼓励。他还说，女排精神和他自己的性格其实是一样的，那就是永远不害怕失败，不断攀登高峰。

在2008年北京奥运会时，袁隆平被选为奥运火炬手，并且还是奥运圣火在湖南传递时的001号火炬手。跑完接受采访时他表示，自己非常高兴，希望奥运精神在湖南、在中国不断发扬光大。

袁隆平逝世以后，不少体坛名宿和运动员表达了哀思。他最喜欢的郎平指导22日晚上在微博上写道："深切缅怀袁隆平院士。您心里记着人民，人民永远怀念您！"乒乓球奥运冠军邓亚萍写道："送别袁老，您一路走好。"游泳名将傅园慧也在微博上写道："谢谢袁爷爷让我们都能吃饱饭，爷爷走好。"自由搏击女将张伟丽则用"国士无双"来评价袁隆平院士。

明体达用

袁隆平院士不仅是"杂交水稻之父"，也是一位热爱体育、积极参与体育运动的人。体育在袁隆平院士的成长历程中发挥了不可替代的作用。它不仅磨炼了他的意志品质，也为他的科研事业提供了强大的精神动力和身体保障。

1. 增强体魄，保持精力充沛

袁隆平从小热爱游泳和球类运动，这些体育运动增强了他的体魄，使他在科研工作中能够保持充沛的精力。即使在耄耋之年，他仍然保持着良好的身体状况，能够每天坚持工作。这种体魄上的优势，使他能够长时间专注于杂交水稻的研究，推动了科研工作的持续进行。

2. 磨砺意志，培养坚韧不拔的精神

体育运动中的坚持和挑战磨砺了袁隆平的意志，使他在面对科研中的困难和挫折时能够保持坚韧不拔的精神。例如，在游泳选拔赛中，尽管一开始被拒绝，但他没有放弃，最终获得了优异的成绩。这种不屈不挠的精神在他的科研工作中得到了充分体现，面对杂交水稻研究中的种种困难和挑战，他始终坚持不懈，最终取得了举世瞩目的成就。

3. 培养团队合作精神

袁隆平不仅热爱游泳，还喜欢打气排球。在气排球比赛中，他不仅自己参与，还积极为队友加油助威，展现了良好的团队合作精神。在科研工作中，袁隆平同样注重团队合作，带领团队成员共同攻关，取得了一系列重要成果。他的团队合作精神使得科研工作更加高效，团队成员之间的协作也更加紧密。

4. 保持乐观心态，积极应对挑战

体育运动中的乐观向上心态帮助袁隆平在科研工作中保持积极的心态。即使在比赛中"吃坏了肚子"影响了发挥，他也能以幽默的态度回忆这段经历。在科研工作中，面对失败和挫折，他从不气馁，并且不断调整和改进，最终取得了成功。这种乐观心态使他能够从容应对科研中的各种挑战，不断推动研究的进展。

5. 提高专注力和执行力

体育运动需要高度的专注力和执行力，这些品质在袁隆平的科研工作中也得到了体现。无论是游泳还是气排球，袁隆平都表现出极高的专注力和执行力，这使他在科研工作中能够高效地完成任务，推动研究的顺利进行。

6. 激发创新思维

体育运动中的竞争和挑战激发了袁隆平的创新思维。在游泳和气排球比赛中，他不断寻找新的策略和方法来提高自己的成绩。这种创新思维在他的科研工作中也得到了体现，他提出了许多新的理论和方法，推动了杂交水稻研究的不断进步。

中国第一位体育教授：马约翰

1882 年，马约翰出生于福建厦门。在少年时期，他深受"东亚病夫"的刺激，发奋锻炼身体，曾获得 100 码、220 码、880 码、1 英里等项的全校冠军。1904 年，他考入上海圣约翰大学预科。入校第二年的上海"万国运动会"上，马约翰夺得 1 英里赛跑的冠军，让日本及欧洲的运动员刮目相看。

1914 年秋，32 岁的马约翰受聘于清华学校（清华大学的前身），任体育帮教，兼英文书记。自此到 1966 年 10 月逝世，他一直在清华大学这块土地上耕耘，52 年如一日地从事体育教育工作，把教育青年、开展体育作为自己毕生的事业，不论是困难还是屈辱，甚至引诱，什么都没有动摇过他执着的追求。

清华学校创办于 1911 年，1912 年学校成立了体育部。体育部的前两届主任，都是有博士头衔的美国人。第一届主任叫舒美科

（Shoemaker），是位体育专家，后因贪污学生买球的钱，被学校开除。第二届主任叫布瑞司（D. K. Brace），他对体育测验很有研究，是哥伦比亚大学的哲学博士，1920 年离校返美，任得克萨斯州立大学体育主任。马约翰于 1920 年担任体育部主任，是第三届，从此清华学校的体育活动在马约翰的领导下认真开展起来，并有所建树。

那时候，体育在国内学校里还是新鲜事，轻视体育的社会风气还很普遍。清华尽管是洋学堂，但在 1919 年前，体育并未列入正式课程，学生中有不少人是专啃书本、足不出户的"小老头子"。学校为了促使学生走到运动场上去，采取了强迫运动的方式，规定每天下午 4 点到 5 点为强迫运动的时间。一到那时，学校就将图书馆、教室、宿舍全部锁起来，学生都要穿上短衣到操场或体育馆去运动。体育教师则进行巡视并加以指导。学校还规定，不达标者不得毕业，不能出洋。于是，清华园内关于体育的议论多了起来，学生纷纷在清华校刊上提问题、发表意见。有的要求取消"达标测验"，有的主张废除"体力测验"，有的不同意优待运动员，有的提出一些批评和要求。面对这种困难的局面，马约翰没有动摇，没有退缩，而是坚持真理，先后在校刊发表文章和谈话，如"扩充本校体育之计划""关于进一步开展体育活动和运动员制度的谈话""对清华体育的意见"等，讲清道理，说服同学，并且更加深入细致地开展体育工作。

马约翰注重体育的普及，他不仅要求普及到每一个人，而且要求把体育的一些基本技术如跳高、跳远、赛跑、球类等加以普及。清华学校体育活动的用品和器械，绝大部分是从美国买回来的，但是，训练方法如徒手操、拉力器的练法，田径和球类的练法，各种矫正体形的方法，体能的测验方法等，都是马约翰带着教师们创造的。

随着体育运动的开展，大多数学生逐渐养成了体育锻炼的习惯，形成了爱好体育运动的好传统，学生的体力也得到了显著的提高。

1912 年，学生的平均体力为 324 分，到 1928 年，增长为 461 分。在体育比赛中，清华学校的成绩也达到了国内较高的水平，在不到 20 年内，田径方面，取得了 37 个华北冠军，创造并保持了 20 项全国最高纪录；球类方面，历年与华北各校比赛，胜多负少。1925 年获得了华北足球、篮球、棒球 3 项冠军。在历届远东运动会上，清华学生也为祖国争过荣誉。这些成绩和荣誉，当然离不开马约翰对清华体育教育所付出的心血。

但是，马约翰的才能并没有被所有人赏识，体育工作也没有被所有人理解。1928 年清华学校改为清华大学，首任校长罗家伦不懂体育，也不懂教育，在他看来体育不过是蹦蹦跳跳、打打闹闹，大、中、小学都一样，都是哄着孩子玩，没有设教授职称的必要。他下令免去马约翰的教授职称，把体育教师统统改称为训练员。罗家伦的行为，理所当然地引起广大师生和社会上的非议与不满。有些好心人劝马约翰另寻他就，免受窝囊气；有些学校闻讯后，纷纷前来争聘。然而他不为所动，他说，他舍不得离开辛勤培育的清华学子；把他们培育成强健而有道德的人，是他的责任，也是他最大的心愿和幸福。这种把个人名利置之度外，心中只为青年、只为体育事业的赤诚之心，实在可贵！1929 年华北足球比赛大会在天津举行，马约翰率清华足球队远征天津，荣获冠军。待足球队返校时，全校师生夹道欢迎，场面极其动人。人们热情地抬着马教授和队员们走进校门，开了个盛大的欢迎会。马约翰的工作成绩得到了大家的承认，还有什么能比得上这种荣誉呢？罗家伦迫于形势，只好又恢复了他的教授职称。

1937 年 7 月 7 日，抗日战争全面爆发。7 月 29 日，北平沦陷，国民政府命令清华大学、北京大学和南开大学南迁长沙联合办学，组成长沙临时大学。1937 年底，战火逼近长沙，三校迁往昆明，校名改称国立西南联合大学，马约翰仍为体育部主任。这一时期，校方对体育课虽严格执行了"二战"前清华的"体育不及格不准毕业"的制度，但是由于设备条件差，体育教学质量实际上比"二战"前大为下降。学校运动场地大都是打游击式地借用校外单位的，借到什么场地就上什么课。学生的经济也相当困难，上课时衣鞋破烂不整，有的学生甚至用麻绳捆着掉了底的皮鞋来上体育课。学生们连饭也吃不饱，很难要求他们认真锻炼。对此，马约翰没有消沉，而是积极想办法克服困难，他以网球运动为媒介，动员地方政教官员与社会名流，借助他们的赞助与支持，举办昆明市运动会、中美田径对抗赛等大型的运动会；为抗战流落到后方的难民举办过义赛；还举办了昆渝两地的篮球互访赛。所有这些比赛，他都亲自筹划，亲临现场指挥，他的活动使过去相当沉寂的昆明体育界发生了很大的变化。

马约翰的工作成绩，使他在社会上享有很高的声望，深受各界人士的推崇。1939年9月，清华大学在昆明举行公祝会，表彰他在清华服务25年，对学校和社会的体育工作做出了卓越的贡献。梅贻琦校长代表学校把一只保用50年的金表作为礼品赠给了他。马约翰在答词中说："你们都想知道我何以能在学校服务如此长的时间，其实正是由于我忠实地遵循了这样的体育原则：'奋斗到底，绝不半途而废！'而我的成就又很大程度上依仗我所有同事们的善意协助。在过去校长的更迭中，我曾遇到过许多困难和失望，而别的单位也曾以更大更优越的代价诱惑过我，但我引以为荣的是，我没有丧失我的原则。"马约翰是这样说的，也是这样做的。

明体达用

马约翰对校园体育的影响是深远而持久的，他不仅在清华大学开创了体育教育体系，还通过自己的坚持和努力，改变了当时社会对体育的轻视态度，推动了中国校园体育的发展。他的精神和理念，至今仍然影响着中国校园体育事业。

1. 推动体育普及

马约翰注重体育的普及，他不仅要求体育活动普及到每一个学生，而且要求普及基本的体育技术，如跳高、跳远、赛跑、球类等。他带领教师们创造了各种训练方法，如徒手操、拉力器的练法，田径和球类的练法，各种矫正体形的方法，体能的测验方法等。这些方法不仅提高了学生的体质，还培养了他们对体育的兴趣和热爱。

2. 改变社会对体育的轻视态度

在马约翰担任清华大学体育部主任期间，体育在国内学校还是新鲜事，轻视体育的社会风气还很普遍。马约翰通过坚持不懈的努力，推动了体育在清华大学的普及和发展。他采取了强迫运动的方式，规定每天下午4点到5点为强迫运动的时间，学生必须参加体育活动，不达标者不得毕业，不能出洋。这种严格的规定和措施，使得学生逐渐养成了体育锻炼的习惯，形成了爱好体育运动的好传统。

3. 提高学生体质和竞技水平

在马约翰的领导下，清华大学的体育活动取得了显著的成绩。学生的体力得到了显著的提高，从1912年的平均体力324分提高到1928年的461分。在体育比赛中，清华学校的成绩也达到了国内较高的水平，田径方面，取得了37个华北冠军，创造并保持了20项全国最高纪录；球类方面，历年与华北各校比赛，胜多负少。1925年获得了华北足球、篮球、棒球3项冠军。这些成绩和荣誉，离不开马约翰对清华体育教育所付出的心血。

4. 坚持原则，忠于教育事业

马约翰在面对困难和挫折时，始终坚持自己的原则，忠于教育事业。即使在1928年清华学校改为清华大学，首任校长罗家伦不懂体育，免去了他的教授职称，他也没有离开清华，而是继续为清华的体育事业奋斗。他说："把他们培育成强健而有道德的人，是我的责任，也是我最大的心愿和幸福。"这种把个人名利置之度外，心中只为青年、只为体育事业的赤诚之心，实在可贵。

5. 推动体育文化建设

马约翰不仅在清华大学推动了体育的发展，还通过举办运动会，推动了昆明体育界的活跃和发展。他以网球运动为媒介，动员地方政教官员与社会名流，借助他们的赞助与支持，举办了多次大型运动会，如昆明市运动会、中美田径对抗赛等；他还为抗战流落到后方的难民举办过义赛。这些活动不仅提高了社会上对体育的重视，也推动了大众体育文化的建设。

一根跳绳，一个梦想：赖宣治

在广州花东镇，有一所名不见经传的小学，它的名字叫七星小学。这所小学，坐落在群山环抱之中，远离城市的喧嚣。这里的学生，大多是留守儿童，他们的父母常年在外打工，无暇照顾他们的生活和学习。

在城里孩子的眼中，跳绳或许只是一个童年的游戏，是一段欢乐的回忆，但对于七星小学的孩子们来说，一根小小的跳绳，却连接着他们的梦想和希望。

是的，就是在这样一所普普通通的乡村小学，诞生了36个世界跳绳冠军，打破了11项世界跳绳纪录。

一位年轻教师的执着

故事的主人公，是一位名叫赖宣治的年轻教师。

2010年，24岁的赖宣治从武汉体育学院毕业，他怀揣着教书育人的梦想，来到了七星小学。

但现实与他想象的大不相同。这所乡村小学，没有体育场地，没有体育器材，他所学的篮球专业，无法在这里施展。

赖宣治没有气馁，他开始寻找适合这里孩子们的体育项目。恰在此时，广州市花都区开始大力推广跳绳运动。

"跳绳这个运动简单又不占地方，对七星小学的孩子们来说非常适合。"赖宣治的眼前，突然有了一道光。

从那一刻起，赖宣治就像着了魔一样，全身心地投入跳绳的研究中。他研究跳法，改进工具，优化课程，甚至在梦中都在想着跳绳。

他的执着，他的热情，如同一把火，点燃了七星小学孩子们的心。

一群孩子的不懈努力

七星小学的孩子们，大多来自贫困家庭。他们的生活，充满了艰辛和困苦。

但当跳绳走进他们的生活，他们的世界，突然有了色彩。

在赖宣治老师的指导下，孩子们从零开始学习跳绳的技巧。他们利用课余时间，在乡村的操场上，一下一下地跳着，琢磨着每一个动作。

汗水，洒在操场上；泪水，洒在跳绳上。孩子们用他们的努力，诠释着什么是坚持，什么是拼搏。

功夫不负有心人。渐渐地，七星小学的孩子们，在跳绳上展现出了惊人的天赋。他们的动作，越来越标准；他们的速度，越来越快；他们的配合，越来越默契。

一次次的比赛，一次次的获奖，让这群来自山村的孩子，开始崭露头角。他们从乡村的操场，一步步走向了世界的舞台。

一次次闪耀世界舞台

2015 年，世界跳绳锦标赛在法国举行。七星小学的孩子们，第一次走出国门，来到了这个世界级的赛场。

面对来自各国的选手，面对陌生的环境，孩子们没有退缩，他们用自己的实力，证明了自己。

当比赛结果公布的那一刻，全场沸腾了：七星小学的孩子们，夺得了团体总分第一名，为中国代表团贡献了第一块金牌。

那一刻，孩子们的眼睛里，闪烁着泪光。那是梦想实现的泪水，是拼搏得到回报的泪水。

从那以后，七星小学的孩子们，开始频频在世界舞台上亮相，从欧洲到美洲，从亚洲到大洋洲，他们的身影，遍布无数个跳绳赛场。

36 个世界冠军，11 项世界纪录，这是七星小学孩子们创造的奇迹。但这背后，是无数个日日夜夜的训练，是无数次跌倒后再次站起的坚持。

他们用汗水和努力，改写了自己的命运，也为乡村教育书写了一个全新的篇章。

一种精神的永恒传承

跳绳，给七星小学的孩子们带来的，不仅仅是荣誉和奖牌，更重要的是，它培养了孩子们宝贵的品质。

坚持，是跳绳教会他们的。每一个动作的完成，都需要千百次的练习。只有坚持，才能越过技术的障碍，达到完美的境界。

拼搏，是跳绳教会他们的。每一次比赛，都是一次挑战自我的机会。只有全力以赴，才能在竞争中脱颖而出，站上领奖台。

团队合作，是跳绳教会他们的。跳绳，从来不是一个人的运动。只有团队的默契配合，才能完成那些复杂的动作，呈现最美的姿态。

这些品质，如同一粒粒种子，在孩子们的心中生根发芽。它们不仅仅帮助孩子们在跳绳的赛场上取得成功，更将伴随他们一生，成为他们人生道路上的指路明灯。

一个不断延续的梦想

今天，当我们再次走进七星小学，我们看到的，是一张张朝气蓬勃的面孔，是一双双闪烁着梦想的眼睛。

跳绳，已经成为这所学校的一种传统，一种精神。一代代七星学子，在这里接过跳绳的接力棒，继续书写着属于他们的传奇。

这个传奇，不仅属于七星小学，也属于每一个怀揣梦想的孩子。它告诉我们，无论出身多么平凡，无论条件多么艰苦，只要有梦想，只要肯努力，就没有什么不可能。

一根跳绳，一个梦想，一群孩子，一位老师，交织成了这个动人的故事。这个故事，还在继续，还在激励着更多的人去追逐梦想，去改变命运。

让我们一起为每一个努力奔跑的孩子加油。因为，梦想，从来都不分大小；因为，希望，永远属于那些永不放弃的人。

明体达用

这是一个关于教育、梦想的故事。它告诉我们，教育的力量，可以点亮梦想；梦想的力量，可以改变命运。它激励我们，无论身处何地，无论面对何种困难，只要坚持梦想，就能创造奇迹。

1. 教育的意义在于发掘每个孩子的潜力

每个孩子，都有自己独特的天赋。作为教育者，我们的责任，就是帮助他们发现和发展这些天赋。赖宣治老师看到了乡村孩子们的潜力，并用跳绳这一独特的方式，帮助他们实现了自我。这启示我们，教育应该是因材施教，应该为每个孩子提供适合的土壤。

2. 梦想的力量可以改变命运

七星小学的孩子们大多来自贫困家庭，跳绳，给了他们一个改变命运的机会。他们通过自己的努力，实现了从乡村到世界舞台的跨越。这启示我们，无论出身如何，只要有梦想，只要肯付出，就有改变命运的可能。

3. 体育的意义不仅仅在于竞技，更在于教育

跳绳运动给七星小学的孩子们带来的，不仅仅是运动上的成就，更是品格上的塑造。这启示我们，体育不仅仅是一项竞技活动，更是一种教育方式。它能培养人的意志、自信心和团队精神。这些品质，将使人受用终身。

4. 乡村教育需要更多关注和支持

七星小学的故事，让更多人看到了乡村教育的潜力和希望。但同时，我们也应看到，乡村学校仍面临着师资、设施等诸多困难。这启示我们，社会各界应给予乡村教育更多的关注和支持，让每个孩子都能享有公平且有质量的教育。

山里娃冰球队

在北京城的百里之外，群山环抱之中，有一个名为珍珠泉的小村庄。在这个小村庄里，有一所名不见经传的小学——珍珠泉小学。学校虽小，却有着一支让人刮目相看的冰球队。这支队伍，由学校的 45 名学生组成，他们大多来自周围 18 个自然村的山区家庭，家境并不宽裕。但就是这样一群山里娃，凭借着对冰球运动的无限热爱，组建起了一支冰球队。

冰雪之梦，山野萌芽

冰球，作为一项颇为"贵族"的运动，对于一所山区小学来说，无疑充满了挑战。场地、装备、教练……每一项都需要不小的投入。但珍珠泉小学的师生们，却用他们的智慧和努力，一一化解了这些难题。

他们利用山区漫长的冬季冰期和得天独厚的地理条件，将村南蜿蜒的菜食河打造成了一个天然的冰场。学校又通过多方筹措，为孩子们购置了 15 套入门级的冰球装备。来自北京师范大学的退休体育老师赵纪生，更是不计个人得失，义无反顾地挑起了冰球队教练的重担。

就这样，在寒冬时节，在白雪皑皑的冰面上，一群怀揣冰雪梦想的山里娃，开启了他们的冰球之旅。

汗水浇灌，梦想绽放

对于这群山里的孩子来说，冰球，是一个全新的世界。他们从最基础的滑冰开始学起，一步一个脚印，在冰面上摸索前行。

李悦，是队里为数不多的女孩之一。刚开始，她总是摔倒，心里难免有些沮丧。但她没有放弃，凭着一股不服输的劲头，一次又一次地跌倒，一次又一次地爬起。渐渐地，她的滑行越来越稳，越来越快，在赛场上，她敢于争抢，勇于拼搏，最终夺得了"最佳运动员"的荣誉。

还有陈硕，一个曾经因为训练偷懒而一度被开除出队的男孩。被开除后的那两个晚上，他彻夜未眠，反思自己的问题。当教练在学生心愿板上看到他写的"我最喜欢滑冰，我最擅长打冰球"时，决定再给他一次机会。重新回到队里的陈硕，一改往日的懒散，成了一名勇往直前的左边锋。

是的，在这片冰场上，在教练赵纪生的悉心指导下，在团队的互帮互助中，这群孩子不仅收获了冰球技能，还收获了宝贵的人生经验——勇气、拼搏、团结、坚持……这些品质，将伴随他们一生。

冰雪力量，点亮希望

2021 年，对于山里娃冰球队来说，有着不一样的意义。这一年，他们第一次走出大山，来到北京，与城里的孩子们同场竞技。

赛场上，他们虽然输了比分，但赢得了宝贵的经验和视野。赛场下，他们参观了 2022 年冬奥会的比赛场馆，那一刻，冰雪梦想与奥运荣光，似乎触手可及。

"我要打冰球、拿奥运冠军，一直打下去!"李悦的话，道出了所有队员的心声。

是的，对于这群山里娃来说，冰球，不仅仅是一项运动，更是一个改变命运的机会，一个追逐梦想的舞台。

而这一切，都离不开像赵纪生这样的教育工作者的付出和坚守。正如赵纪生所说："冬奥会的阳光，不能只照耀在大城市，也要照进山村和乡野。这些山里的孩子，就像路边的小花，需要我们悉心呵护。通过冰雪运动塑造他们健全的人格，这就是体育教育的真谛。"

冰雪之光，照亮山村

从城市到乡村，从平原到山区，越来越多的人正在为冰雪运动的普及而努力。他们用真诚和奉献，点亮了一个个冰雪梦想，为孩子们打开了一扇通往世界的大门。

在这个过程中，我们看到了教育的力量，看到了体育的魅力，更看到了奥林匹克精神的感召。

是的，奥运会，不仅属于那些体育明星，也属于每一个怀揣梦想的普通人。奥运会点燃了千千万万的人心中的火种。

让我们一起期待，在不远的将来，会有更多的像山里娃冰球队一样的团队涌现，会有更多山村和乡野的孩子在冰雪运动中找到人生的方向，获得奋斗的力量。

到那时，冬奥会的阳光，将照亮每一个角落；奥林匹克的梦想，将点燃每一颗心灵。

而这，就是体育最大的魅力，也是人类最宝贵的财富。

1. 梦想无关出身，只要敢于追逐，就有实现的可能

这群来自山村的孩子，虽然家境不富裕，但他们凭借着对冰球运动的热爱，克服重重困难，组建起了自己的冰球队，开启了追梦之旅。这启示我们，无论出身如何，只要怀揣梦想，并为之努力，就有可能改变命运，创造奇迹。

2. 困难面前，智慧和努力可以化解一切

面对场地、装备、教练等种种挑战，学校师生们没有退缩，而是因地制宜，想方设法，最终凭借自己的智慧和努力，一一克服了难题。这启示我们，任何困难，只要我们勇于面对、善于思考、坚持不懈，总能找到解决的办法。

3. 体育不仅强身健体，还能塑造人格

通过冰球运动，这群孩子不仅收获了强健的体魄，也培养了勇气、拼搏、团结、坚持等宝贵品质。这些品质，不仅在赛场上至关重要，在人生的道路上，也是弥足珍贵。这启示我们，体育的意义，不仅仅是竞技和输赢，更是对人格塑造的深远影响。

4. 教育的意义，在于点亮每一个孩子的梦想

赵纪生教练和学校的其他老师，用自己的行动诠释了教育的真谛——发掘每一个孩子的潜力，点亮每一个孩子的希望。这启示我们，作为教育工作者，他们竭尽所能，不计个人得失，努力为每一个孩子提供追逐梦想的机会和舞台。

5. 奥林匹克精神，不仅仅属于赛场，更属于每一个人

这群山里娃，虽然还没有机会站上奥运赛场，但他们身上所展现出

的拼搏、进取、团结、友爱，正是奥林匹克精神最好的诠释。这启示我们，奥运的意义，不仅仅在于竞技，更在于它所传递的人文价值；不仅仅在于赛场，更在于我们每个人的日常生活。

　　无论我们身在何处，无论我们从事什么职业，只要怀揣梦想，坚持不懈，就能创造出不平凡的人生；只要我们心怀教育的理想，践行奥林匹克的精神，就能点亮更多孩子的未来，照亮更多人的人生。

汲取榜样力量
勇担时代重任

　　在建设体育强国的伟大征程中，中华体育健儿践行体育精神，勇担时代重任，为实现中华民族伟大复兴的中国梦作出独特而积极的贡献。

中国奥运第一人：刘长春

1907 年 10 月 24 日，天津南开大学校长张伯苓向无数积极向上的青年们激情发问："中国什么时候才能派出一个选手参加奥运会？中国什么时候才能派出一支队伍参加奥运会？中国什么时候才能举办一次奥运会？" 1932 年，刘长春代表中华民族第一次站在奥运赛场上，虽然没有取得优异成绩，却牵动了全国人民的心。

我们是中国人

刘长春，1909 年出生在大连一个名不见经传的小渔村——河口村。幼时，他便饱尝战争带来的苦难。日本侵略者的铁蹄践踏着这片土地，刘长春和他的小伙伴们常常遭到日本孩子的欺凌。一次，一个日本督学扬起巴掌，狠狠地抽在刘长春稚嫩的脸庞上，口中还不停地骂着："支那人！巴嘎！"

刘长春哭着跑回学校，老师擦去他脸上的泪水，语重心长地说："孩子，别哭。记住，我们不是支那人，我们是中国人！等你长大了，一定要为咱们中国人争口气！"

这句话，刘长春记了一辈子。

单刀赴会

刘长春天资聪颖，尤其在体育方面展现出惊人的天赋。他跑得飞快，被人称为"兔子腿"。然而，由于家境贫寒，14岁那年，他不得不辍学，到一家玻璃厂当学徒，帮父亲挣钱养家。

"九一八事变"后，日本侵略者的铁蹄更加肆无忌惮地践踏着这片土地。民族危亡，山河破碎，无数仁人志士奋起抗争。1932年，张学良宣布刘长春将代表中国，远涉重洋，参加在美国举行的奥运会。

7月8日，刘长春和教练宋君复从上海登上了去美国的邮船。码头上，无数人前来送行。一家报刊还刊登了一幅漫画，画中是威风凛凛的关羽，手持大刀，立于一叶扁舟之上，寓意"单刀赴会"。

一个人，一条船，一片汪洋。刘长春望着茫茫大海，心中暗暗发誓：一定要排除万难，代表祖国，站在奥运会的赛场上！

一个人的奥林匹克

船抵日本神户，两个日本记者登船采访，问道："你此行是代表中国，还是代表'满洲国'？"

刘长春义愤填膺："中国！"

日本当地的体育组织竟发来贺电，称他为"满洲国奥运选手"。刘长春愤然拒绝，当即退回，并对电信员说："本船上无'满洲国'代表！"

8月2日，刘长春抵达美国洛杉矶。在那里，他第一次见到了五环旗。望着五环旗，他热泪盈眶。这一刻，他不再是一个人，他是全中国的儿子，他肩负着民族的希望，要在奥运赛场上，昂首阔步，向世界宣告：中国人来了！

比赛那天，刘长春站在了百米跑道的起点。他身着一袭白衣黑裤，象征着"白山黑水"，寓意不忘国耻、誓雪前耻。他深知自己肩负的使命，哪怕倾尽一腔热血，也在所不惜。

砰！发令枪响，刘长春如离弦之箭般冲了出去。20 米，30 米，50 米……他超过了所有选手。那一刻，他似猛虎出山，势不可挡。70 米，80 米……然而，他的脚步渐渐沉重，体力迅速流失。最终，他以小组第五名冲过终点线。

是的，他没能站上领奖台，没能为祖国赢得荣誉。但他做到了，他代表中国，站在了奥运赛场上。这一刻，中国终于叩开了奥运会的大门。有了第一个，就会有第二个、第三个……星星之火，可以燎原。

一座不朽的丰碑

2008 年，刘长春的故事《一个人的奥林匹克》被搬上了银幕，这部电影再现了这一段感人至深的历史。国际奥委会主席罗格亲自为影片题写了片名。影片的出品人说："这部影片，不仅讲述了一个人的奋斗历程，还展现了一个民族的精神图谱。希望通过这部电影，让更多人了解奥运，参与奥运，感受奥运的魅力。1932 年，一个人的奥林匹克，今天，必将成为十三亿人的奥林匹克！"

是啊，从一个人到十三亿人，从默默无闻到举世瞩目，中国体育，中国奥运，走过了一段何其壮阔的历程，其中凝聚了无数仁人志士的心血，凝结了几代中国人的梦想。

刘长春的故事，是一个民族不屈的缩影，是中华儿女奋发图强的写照。在民族危亡、山河破碎之际，是无数个刘长春，用自己的青春，甚至生命，点燃了民族复兴的火炬。

今天，当我们回望历史，当我们在奥运赛场上收获一枚枚金牌时，我们不要忘记，曾经有一个叫刘长春的人，他孤身一人，远渡重洋，只为在奥运赛场上昂首阔步，向世界展示一个民族的风采。

明体达用

作为中国奥运第一人，刘长春的历史贡献和影响是不可估量的。他不仅开启了中国体育走向世界的大门，还以其坚韧不拔的精神和深厚的爱国情怀激励了无数后人，对中国体育的崛起影响深远。

1. 展现了中华民族不屈不挠、奋发图强的精神

在那个民族危亡、山河破碎的年代，刘长春没有被战争的苦难击垮，而是凭借着对体育的热爱和对祖国的赤诚，克服重重困难，代表中国站在了奥运赛场上。他身着象征"白山黑水"的服装，寓意不忘国耻、誓雪前耻的决心。这种民族气节和爱国情怀，激励着一代又一代中华儿女为民族复兴而奋斗。这种精神，是中国体育强国建设的宝贵财富。

2. 揭示了体育在提升民族自信、实现民族复兴中的重要作用

当刘长春站在奥运赛场上的那一刻，他不仅仅代表着自己，更代表着整个中华民族。尽管他没能取得优异的成绩，但他的出现本身就向世界宣告：中国人来了，中国不再是任人宰割的"东亚病夫"。这种精神鼓舞了无数中国人，点燃了民族自强的希望。今天，中国已经成为体育强国，在奥运赛场上屡创佳绩，不仅展现了中国的综合国力，还极大地增强了民族自信心。这都是刘长春等体育先驱们用汗水铺就的。

3. 彰显了体育在促进国际交流、提升国家形象方面的独特价值

在那个山河破碎、备受欺凌的年代，刘长春作为第一个代表中国出战奥运的运动员，他的身影让世界看到了一个积极向上、充满活力的中国。尽管当时的中国在各个方面都很落后，但通过体育，我们展现了自

已的风采，赢得了世界的尊重。体育充当了传播文化、增进友谊的重要桥梁。在新时代，我们要继续发挥好体育的这一功能，讲好中国故事，传播好中国声音。

4. 为中国体育强国建设播撒了希望的火种

从一个人到一支队伍，再到举办奥运会，这是几代中国人的梦想，也是中国体育发展的缩影。如今，我们已经成功举办了 2008 年北京奥运会和 2022 年北京冬奥会，中国体育已经走向世界舞台的中央。但我们不能止步于此，还要继续发扬刘长春等前辈的拼搏精神，在全民健身、竞技体育、体育产业等方面持续发力，不断提升中国体育的综合实力和国际影响力。

总之，刘长春的故事不仅属于过去，也属于未来。他的精神将激励我们在实现体育强国、民族复兴的道路上奋勇前行。作为新时代的大学生，我们要传承好这份宝贵的精神财富，以体育的力量凝聚民族的力量，以体育的自信彰显民族的自信，在中华民族伟大复兴的征程中谱写更加辉煌的篇章。

奥运首金传奇：许海峰

1984 年的洛杉矶，阳光明媚，天空湛蓝。在这片蓝天下，一场世界瞩目的盛会缓缓拉开帷幕。这是第 23 届奥林匹克运动会，一个汇聚了全球英才的舞台，也是中国代表队书写历史的一刻。

在这里，一个名叫许海峰的青年，用一枪定乾坤，为中国赢得了这届奥运会的第一枚金牌。这枚金牌也是中国奥运史上的第一枚金牌。他的名字，如同一颗新星，在那个夏日的洛杉矶上空熠熠生辉。他的成就，是一段传奇的开端，是一段关于天赋、机遇、努力和命运的传奇。

天赋初露的少年时代

许海峰，1957 年出生于福建漳州的一个军人家庭。童年的他，总是和小伙伴在乡间的野地里嬉戏，用自制的弹弓打鸟、射靶。他在游戏时就已显露出惊人的射击天赋。

命运，似乎早已为他准备好了一条不凡的道路。1969 年，许海峰随家人来到安徽马鞍山，开始了他的知青生涯。在安徽的田野间，他度过了静谧而安逸的岁月。然而，长时间在化肥仓库的工作，让他的视力受损，从 1.5 降至 0.5。

谁能想到，这位视力不佳的青年，将来会在奥运的赛场上大放异彩，成为中国的骄傲？

命运转折的关键一步

1978 年，一所业余体校的成立，为许海峰打开了一扇通往未知世界的大门。他的高中体育老师，看中了他那准确无误的弹弓技艺，邀请他加入射击班。

许海峰面临着人生的第一个重大抉择。他可以选择安稳的生活，继续做一名售货员；也可以选择未知的道路，投身于射击的训练。他选择了后者，毅然决然地辞去了工作，开始了他的射击生涯。

两个月后，许海峰在省级比赛中一举夺魁。这是他命运的起飞点，是他传奇人生的第一个高光时刻。

奥运赛场的惊人一枪

1983 年，许海峰在全运会上一鸣惊人，摘得两枚银牌。他的名字开始在射击界传颂。随后，他被国家队选中，正式踏上了国际赛场。

1984 年，洛杉矶，第 23 届奥运会。许海峰作为中国代表队的一员，肩负着十几亿同胞的期望。7 月 29 日，在自选手枪 60 发慢射比赛中，他以一颗颗精准的子弹，击穿了历史的沉寂。

最后一枪，许海峰以满环的成绩战胜了来自瑞典的对手，为中国赢得了梦寐以求的奥运金牌。那一刻，全中国沸腾了。许海峰的名字，成为十几亿同胞心中的骄傲；他的成就，成为中国体育史上不可磨灭的里程碑。

一枪定乾坤，许海峰用他的实力，用他的坚持，用他的勇气，在奥运的舞台上，书写了属于中国的辉煌。

传奇生涯的不朽篇章

许海峰的辉煌，并没有就此停歇。在接下来的职业生涯中，他多次参加了亚运会和世界射击锦标赛，一次次站上领奖台，一次次刷新纪录。

1988 年，汉城奥运会，许海峰再次出征，再次创造奇迹。在男子自选手枪 60 发慢射比赛中，他以 683.4 环的成绩打破了世界纪录，蝉联奥运冠军。

1992 年，巴塞罗那奥运会，已经 35 岁的许海峰，再一次证明了自己的实力。在男子气手枪比赛中，他以 684.2 环的成绩，再次刷新世界纪录，摘得金牌。

许海峰的职业生涯，如同一部传奇史诗，贯穿了数十年的时光。他从一个普通的农村少年成长为国家队的射击手，从一个售货员蜕变为奥运冠军。他的故事，成为中国射击领域的传奇，成为无数人心中的榜样。

永不熄灭的奋斗之光

1984 年的洛杉矶，许海峰的一枪，不仅仅是技术的胜利，更是精神的胜利。他的名字，成为中国体育的象征；他的故事，激发了无数人心中的力量。

许海峰的传奇人生告诉我们，每个人的生命都充满了无数可能，每一个选择都可能开启新的世界，每一次坚持都可能成就不凡。他的人生，如同他在赛场上的每一枪，精准、坚定，闪耀着不屈的光芒。

在许海峰的故事中，我们看到了一个真实且丰富的人物形象，一个在平凡与伟大之间书写了传奇的人。他的一生，是对每一个梦想者的鼓舞，是对每一个奋斗者的赞歌。

传奇永不落幕

今天，当我们回望许海峰的传奇人生，那一段段闪光的记忆，依然鲜活如初。

我们看到了一个少年，如何从田野间的弹弓射手，成长为奥运赛场上的国之骄子；我们看到了一个青年，如何从平凡的售货员，蜕变为中国体育的传奇；我们看到了一个男人，如何用他的坚持和勇气，书写了一段不朽的历史。

许海峰的故事，永远不会落幕。因为在每一个中国人的心中，在每一个追梦者的心中，他的精神，他的力量，永远闪耀不熄。

1984 年的洛杉矶，许海峰用一枪，定格了一个永恒的瞬间。那一枪，不仅射中了十环，也射中了十几亿中国人的心。

从那一刻起，许海峰的名字，就永远地铭刻在了中国体育的史册上，铭刻在了无数人的记忆中。

而他的传奇，也将永远地激励着一代又一代的中国人，去追逐梦想，去超越自我，去创造属于自己的辉煌。

因为，在许海峰的故事里，我们看到了自己的影子，看到了中国人的影子。我们看到，只要有梦想，只要有坚持，只要有勇气，每个人，都可以成就不凡，都可以书写自己的传奇。

1. 天赋是起点，但努力和坚持才是成功的关键

许海峰从小展现出射击的天赋，但如果没有后来刻苦的训练和不懈的坚持，他不可能取得如此辉煌的成就。这启示我们，天赋固然重要，但更重要的是如何将天赋转化为实际的能力，这需要日复一日地努力和坚持。

2. 机遇很重要，但准备和勇气更加重要

业余体校的成立，给了许海峰转变自己人生轨迹的机会。由售货员成为国家队的射击手的过程中，他所付出的努力和坚持，是每个追求梦想的人都应当学习的品质。如果没有对未知领域的勇敢尝试和长年累月的努力训练，这个机会可能就会白白浪费。这启示我们，机遇只青睐那些有准备、有勇气的人。我们要做好准备，勇敢地去尝试，才能抓住命运的转机。

3. 逆境和挫折，是通向成功的必经之路

许海峰的视力受损，曾经是他的一大障碍。但他没有被这个障碍击倒，反而越挫越勇，最终登上了奥运会的领奖台。这启示我们，生命中的逆境和挫折，往往是我们成长的催化剂。关键是要有一颗坚韧不拔的心，将挫折转化为前进的动力。

4. 成功不是终点，而是新的起点

许海峰在洛杉矶奥运会上的金牌，不是他职业生涯的终点，而是一个新的起点。在那之后，他继续刻苦训练，在更多的赛场上取得辉煌。这启示我们，成功不是我们奋斗的终点，而是我们迈向新高度的起点。我们要以成功为新的起点，去探索更大的可能。

5. 体育精神，不仅在赛场上，也在生活中

许海峰在赛场上展现的专注、坚持、勇气和自信，不仅是体育精神的体现，而且是人生态度的写照。这启示我们，体育的意义，不仅在于竞技和奖牌，还在于它教会我们如何去生活，如何去面对人生的挑战。

6. 个人的成就，也是国家和民族的荣光

许海峰的金牌，不仅仅是他个人的成就，更是中国体育的里程碑，是中国人的骄傲。这启示我们，个人的奋斗和成就，从来都不是孤立的，它们都与国家和民族的命运紧密相连。我们每个人的努力，都在为国家和民族的进步贡献力量。

许海峰的故事告诉我们，每个人，无论出身平凡还是贫寒，无论遭遇逆境还是挫折，只要有梦想，只要肯努力，只要敢坚持，就有可能创造奇迹，成就传奇。

在许海峰的身上，我们看到了中国体育的崛起，看到了中国人的自信和骄傲。他的成功，不仅仅属于他个人，更属于这个时代，属于每一个为梦想而奋斗的中国人。

让我们以许海峰为榜样，在自己的人生赛场上，去瞄准梦想，去努力拼搏，去坚持不懈。相信通过我们的努力，每个人都可以创造属于自己的传奇，都可以为国家和民族的进步贡献自己的一份力量。

没有什么不可能：邓亚萍

在中国乒坛的历史长河中，有一个名字永远闪耀着夺目的光芒，这个名字就是邓亚萍。这个身材矮小的女子，凭借着她那凌厉的球风和不屈的斗志，叱咤风云，让无数高大的对手望而生畏。她用自己的实力和毅力，诠释了"没有什么不可能"的真谛，成为中国乒乓球运动的骄傲，也成为世界乒坛的一段传奇。

乒乓少女的执着追求

邓亚萍从小就对乒乓球有着一股难以抑制的痴迷。她把成为一名优秀的乒乓球运动员作为自己毕生的理想，而身为乒乓球教练的父亲对此也十分欣慰。在父亲的悉心指导下，邓亚萍的球技日益精进，小小年纪就已经能够战胜许多成年对手。

然而，天赋并非成功的唯一要素。由于先天身高的劣势，邓亚萍在体能训练时往往不如其他身材高大的运动员。一次跑步训练课上，矮小的邓亚萍拼尽全力，却仍然无法在规定时间内完成 3000 米的跑步任务。面对教练铁青的面孔和一次次的罚跑命令，邓亚萍没有气馁，而是一言不发地继续奔跑着。

即便是在教练心软，命令她停下来的时候，邓亚萍也没有就此放弃。她深知教练的良苦用心，也明白自己的不足所在。要想在乒乓球场上取得成功，就必须拥有比常人更强的体力和更灵活的跑动能力。而邓亚萍坚信，只要自己足够努力，就一定能够做到这一点。

汗水浇灌的梦想之花

从那时起，操场上就常常能看到一个矮小的身影在不停地奔跑。邓亚萍暗暗发誓，不跑完、不达标誓不罢休。功夫不负有心人，经过一次又一次的刻苦训练，她终于战胜了自己的弱点，在规定时间内跑完了 3000 米。

为了进一步挖掘邓亚萍的潜力，父亲带着她来到了郑州市乒乓球队。教练李风朝敏锐地发现了这个小姑娘身上的优势，毅然决定收她为徒。邓亚萍深知这是实现梦想的宝贵机会，便一头扎进了艰苦的训练之中。

虽然个子矮小，但邓亚萍从未因此而减少训练量和强度。她坚信，别人能做到的事情，自己也一定能做到，而且还能做得更好。只要坚持到底，梦想就一定能够实现。在邓亚萍的字典里，没有"不可能"这三个字。

矮个子的巨人传奇

邓亚萍用她的刻苦和汗水，一次次击败了常人眼中的"不可能"。在球场上，她所向披靡，成为中国乃至世界上极为出色的乒乓球运动员之一。她用实力证明，打乒乓球时个子高或许占优势，但个子矮并不意味着不能打好球。只要付出足够的努力去弥补先天的不足，就没有什么是不可能的。

邓亚萍的故事生动地诠释了一个道理：成长的道路上困难重重，但只要持之以恒地付出努力，就没有什么是不可能的。理想就像是指引方向的明灯，只要我们坚定信念，全力以赴，它就会引领我们从平凡走向非凡。

点亮心中的灯

忍耐和坚持的过程或许是痛苦的，但它终会带来丰硕的果实。成功的曙光也许还未出现在眼前，但勇气和毅力会为我们点亮心中的灯，带给我们前行的信心和力量。

这个世界上的许多事情都是如此。只要拥有不屈的毅力，肯付出艰辛的汗水，就能扭转局面，让"不可能"成为"可能"。每个人心中都有一个梦想，不要因为前方的阻碍而止步不前。勇敢地迈出第一步，顽强地坚持下去，就能将所有的"不可能"踩在脚下。

永不言弃的邓亚萍精神

邓亚萍用她的成功，诠释了"永不言弃"的真正内涵。她的故事不仅仅属于体育，更属于所有为梦想而努力奋斗的人。无论你是谁，无论你的梦想是什么，邓亚萍的经历都在告诉我们：只要拥有坚定的信念和不懈的努力，就没有什么是不可能的。

让我们以邓亚萍为榜样，在通往梦想的道路上勇往直前。让邓亚萍精神成为我们前进的动力，激励我们战胜一切困难和挑战。也许过程艰辛，也许道路坎坷，但只要我们永不言弃，就一定能创造出属于自己的辉煌。

在追逐梦想的路上，让我们携手前行，用汗水和毅力书写人生的篇章。让"没有什么不可能"成为我们的人生信条，激励我们不断突破自我，创造更多的奇迹。因为我们坚信，只要拥有邓亚萍那样的精神，就没有什么能够阻挡我们前进的脚步。

明体达用

邓亚萍的成长历程和辉煌成就，展现了坚定的信念与执着追求、顽强拼搏与不屈不挠、勇于面对与克服困难、坚持不懈与持之以恒、永不言弃的体育精神。这些精神不仅在体育领域具有重要意义，对我们的人生和事业也有着深远的启示。

1. 坚定的信念与执着追求

邓亚萍从小就对乒乓球有着难以抑制的痴迷，她把成为一名优秀的乒乓球运动员作为自己毕生的理想。尽管身材矮小，但她从未因此而减少过训练量和强度。她坚信，只要自己足够努力，就一定能够实现梦想。这种坚定的信念和执着追求，激励我们在追求梦想的道路上不轻言放弃，始终保持对梦想的热爱和追求。

2. 顽强拼搏与不屈不挠

邓亚萍在体能训练时往往不如其他身材高大的运动员，但她没有气馁，而是一言不发地继续奔跑。即便是在教练心软，命令她停下来的时候，她也没有就此放弃。她深知自己的不足所在，并通过顽强拼搏和不屈不挠的努力，最终战胜了自己的弱点。这种精神告诉我们，无论面对多大的困难和挑战，只要坚持不懈，就有可能取得成功。

3. 勇于面对与克服困难

邓亚萍在成长过程中，面对身高的劣势和体能的不足，她没有退缩，而是通过刻苦训练来弥补先天的不足。她用实力证明，打乒乓球时高个子或许占优势，但个子矮并不意味着不能打好球。只要付出足够的努力去弥补先天的不足，就没有什么是不可能的。这种勇于面对和克服困难的精神，激励我们在生活和工作中不畏艰难，勇往直前。

4. 坚持不懈与持之以恒

邓亚萍的成功离不开她的坚持不懈和持之以恒。她在操场上不停地奔跑，暗暗发誓，不跑完、不达标誓不罢休。经过一次又一次的刻苦训练，她终于战胜了自己的弱点。这种坚持不懈和持之以恒的精神告诉我们，成功的曙光也许还未出现在眼前，但只要我们坚持到底，梦想就一定能够实现。

5. 永不言弃

邓亚萍用她的一生，诠释了"永不言弃"的真正内涵。她的故事，激励着所有为梦想而努力奋斗的人。无论你是谁，无论你的梦想是什么，邓亚萍的经历都在告诉我们：只要拥有坚定的信念和不懈的努力，就没有什么是不可能的。这种永不言弃的精神，激励我们在追逐梦想的路上勇往直前，战胜一切困难和挑战。

让我们以邓亚萍为榜样，在通往梦想的道路上勇往直前，用汗水和毅力书写人生的篇章。让"没有什么不可能"成为我们的人生信条，激励我们不断突破自我，创造更多的奇迹。因为我们坚信，只要拥有邓亚萍那样的精神，就没有什么能够阻挡我们前进的脚步。

志行风格：容志行

2009 年 10 月 16 日，在第十一届全运会即将开幕之际，胡锦涛在济南亲切接见了新中国体育发展 60 年的先进单位和先进个人代表等。当时，他握住容志行的手说："中国足球还要继续发扬'志行风格'。"胡锦涛这番亲切的话语不仅是对容志行说的，也是对中国足球界说的，更是对中国体育界说的。"志行风格"是新中国足球发展过程中一抹耀眼的亮色，也是中国体育一笔宝贵的精神财富。

"志行风格"对中国足球的最大启示，不仅在于技术或战术，还在于体育精神和体育道德层面的切身反省。发扬"志行风格"，就是要唤回绿茵场上的一代球风——不骄不馁、不疲不躁、敢于拼搏而恪守风度。

技艺惊人："中国贝利"是有灵魂的人

资深媒体人、《羊城体育》原主编范柏祥对容志行与南派足球之间的关系曾经有过这样的论述:"南派足球包含两个含义,一个是个人的,一个是整体的。个人的就是有绝活有创造力,如 20 世纪七八十年代古广明的铰剪脚、陈熙荣的鸳鸯腿和容志行的倒挂金钩等。整体的不光包含技术,更主要的体现在意识和配合,像容志行、陈熙荣时代,球员之间传球基本不用找人,一脚将球传出去,感觉上就知道会有人在那里接应,而球也能刚好落到该队员的脚下,好像用尺子量出来一样准确。"

关于容志行被发现的过程,有这样一个故事:1958 年仲夏的一天傍晚,广州宝岗球场附近一条名为"牛奶厂街"的尽头,一场街头足球赛激战正酣,其中一个黑瘦的男孩吸引了一群观战者的目光:他的盘球、过人动作连贯,表现抢眼,球一到他脚下,对方三四个人来抢就是抢不走。他的速度不是很快,却很会掌握时机:明明要对脚,他却轻轻一垫;被两人夹击,他会 180 度突然转体,异常灵活。容志行的球技在"牛奶厂街"独树一帜,惊动了宝岗业余体校的足球教练,容志行也就由此走上了自己的足球之路。

作为"南派足球"的标志性人物,容志行的职业生涯,就是对"志行风格"的最好阐释。相比于北方球员,广东球员普遍身材矮小、力量薄弱,但头脑灵活、反应敏捷、启动速度快,容志行便是其中的典型代表。身高仅有 171 厘米的他,靠着脚下灵活的技术和出众的判断力在国家队占据了一席之地,南派足球也渐渐形成了以容志行、赵达裕为代表的"小个风格"。

容志行于 1972 年入选国家足球队,是当时中国男足左边锋,参加过 1974 年第 7 届、1978 年第 8 届亚运会足球比赛,1976 年第 6 届亚洲杯足球锦标赛,1980 年奥运会足球预选赛和第 12 届世界杯足球预选赛等。在 1981 年的第 12 届世界杯亚太赛区决赛对科威特队的关键比赛中,他头球建功,为中国队以 3 比 0 干净利落地战胜亚洲冠军科威特队立下汗马功劳。这一胜利，极大地振奋了民族精神。当时，全国许多城市的群众自发结队游行，欢呼"振兴中华"的口号，容志行也成为人民心中的英雄。

有人把容志行称作"中国贝利"。1977年，"球王"贝利随美国宇宙队访华时，曾特地将自己的10号球衣送给容志行，并把容志行回赠的11号球衣留作纪念。贝利对容志行给予了很高的评价，他认为容志行是有灵魂的人，因为他在场上的风度和风范，所体现的不仅仅是高超的足球技术，更是高尚的道德情操。

以德服人：令对手送上发自内心的掌声

有一个关于容志行的故事，至今仍被人们津津乐道。国家队在中东参加的一场友谊赛中，身穿11号球衣的容志行带球直奔对方禁区，对方两名后卫从左右两边向容志行飞身撞来，被容志行变向闪开，两名后卫却撞到一块双双受伤倒地。容志行回忆当时的情况说："我就听到身后咣的一声，回头一看，对方两个人撞在一起，都摔倒在地上，我于是停止进攻，回去把对手扶了起来。"观众看见容志行放弃了大好的射门机会，在刹那的惊奇之后，爆发出如潮的掌声。

赛后，一批当地球迷涌进场内，有节奏地呼喊着："11号！11号！"直到将容志行等中国队员送到所住的旅馆后才离去。当地一家媒体这样评论："在洪水暴风一样的比赛激烈气氛中，中国队的11号竟能取得一种节制，避免了比赛流于过火，他是在经受了多次粗暴攻击后吹起良心道德号角的。"

面对球场上的斗气斗狠、损招歪招，容志行的观点是"要让对手折服，最好的办法是将球送进对方门里，而不是报复"。他的这种态度不但激励了队友，还常常感化了对手。一个事实是，容志行从进入广东队、国家队到退役，在这13年中，参加国内外比赛近千场，却从未得过一张黄、红牌。这是极其惊人和罕见的，几乎是一个奇迹。

什么是"志行风格"？"志行风格"就是尊重裁判，顾全大局；尊重对手，强调体育道德；尊重队友，重视合作。

与时俱进：永不褪色的时代精神

改革开放初期，"志行风格"和"女排精神"不仅影响了体育界，而且影响了几代青年人的成长，成为中国人宝贵的精神财富。胡锦涛总书记再次提起"志行风格"，引发了人们更加深刻的思考。

中国足球发展的几十年来，虽然水平有了一定程度的提高，但存在许多不尽如人意之处。在这种情况下，胡锦涛重提"志行风格"，无疑是要求中国足球界深刻反思，从根本上解决足球运动水平长期滞后的症结问题。"中国足球还要继续发扬'志行风格'"，这句话非常简明，但揭示的内涵十分深刻——输球不输人，失球不失志。

呼唤"志行风格"，就是呼唤体育道德。容志行对此曾经有过阐释："很浅显的道理，考虑到足球本身就是接触身体、激烈对抗。如果踢你一下就报复，想法真的是这样，自己就不会有真正的进步。我把这个当作前进动力，你踢我，我下次的时候不让你踢着，水平会上一个台阶。"

"志行风格"源于足球，是中国体育一面重要的精神旗帜、一根重要的道德标杆。"志行风格"是我们的宝贵财富。虽然形成"志行风格"的历史条件已经发生了很大的变化，但是"志行风格"的核心价值永远不会过时。

明体达用

"志行风格"不仅仅是中国足球的一面旗帜，更是中国体育乃至整个社会的一笔宝贵的精神财富。对于当代大学生来说，这种精神具有深远的教育意义。

首先，"志行风格"体现了体育竞赛中高尚的道德情操。容志行在球场上展现的不仅仅是高超的足球技术，更是一种高尚的竞技道德。他不与裁判争执，不做粗野动作，不报复对手，即使在激烈的比赛中也能保持一种节制和良知。这种"以德服人"的风度，赢得了对手发自内心的尊重和掌声。在竞争日益激烈的社会中，保持高尚的道德情操，用实力和人格去赢得他人的尊重，是每个人都应该追求的。

其次，"志行风格"彰显了永不言弃、自强不息的体育精神。容志行虽然身材矮小，但靠着灵活的技术和出众的判断力在国家队占据了一席之地。面对赛场上的粗暴犯规，他不选择报复，而是把它当作前进的动力，用更高超的技艺去回应。无论在学业上还是在未来的职业生涯中，我们都会遇到各种困难和挫折，但只要像容志行一样，永不言弃，自强不息，就一定能战胜困难，实现自己的人生目标。

再次，"志行风格"诠释了爱国主义的崇高情怀。1981 年，容志行在对阵科威特队的关键比赛中头球建功，帮助中国队取得胜利。这一胜利极大地振奋了民族精神，全国许多城市的群众自发游行，欢呼"振兴中华"的口号。这表明，体育竞赛不仅仅关乎个人荣誉，更关乎民族尊严。作为当代大学生，我们肩负着实现中华民族伟大复兴的历史使命，我们要像容志行一样，在各自的岗位上奋发图强，以实际行动为国争光，为民族崛起贡献自己的力量。

最后，"志行风格"彰显了与时俱进、开拓创新的时代精神。尽管形成"志行风格"的历史条件已经发生了很大变化，但其核心价值永远不会过时。在新时代，我们要继承和发扬"志行风格"，赋予其新的时代内涵。我们要在传承优良传统的基础上，不断与时俱进、开拓创新，以适应新时代的要求。

总之，"志行风格"所体现的高尚的道德情操、自强不息的体育精神、爱国主义的崇高情怀、与时俱进的时代精神，是中华民族宝贵的精神财富，对当代大学生的成长和发展具有重要的教育意义。作为新时代的大学生，我们要继承和发扬"志行风格"，将其内化为自己的精神品质和行为准则，在实现中华民族伟大复兴的道路上奋勇前行，书写无愧于时代的青春篇章。

东方神鹿：王军霞

在中国体育史上，有一个名字永远闪耀着夺目的光芒，这个名字就是王军霞。她的故事，已经镌刻在无数中国人的记忆深处。

也许，人们已经记不清是哪一届奥运会，王军霞最终夺得了什么项目的冠军，但每个中国人的脑海中，一定还留存着这样一幅画面：一个黄皮肤、黑眼睛的女子，高举着鲜艳的五星红旗，在环形跑道上一圈又一圈地奔跑，展示着作为一个中国人的无上骄傲。

亚特兰大奥运会上的不朽时刻

1996 年亚特兰大奥运会，王军霞夺得女子 5000 米冠军，"东方神鹿"之名响彻寰宇。她身披国旗、欣喜奔跑的身影，已然成为中国人心中关于奥运会的经典画面之一，永远地铭刻在中华民族的集体记忆中。

多年后回忆起那一刻，王军霞禁不住笑着说："那时候的我，是最美的。"

然而，鲜为人知的是，在那个闪耀时刻的背后，王军霞正忍受着病痛的折磨。"那时，我一到亚特兰大就生病了，头疼发烧。因为比赛需要，没有对外提我生病的事，怕给对手任何心理上的优势。"

王军霞原本报名参加5000米和10000米两个项目。由于身体抱恙，发烧拉肚子，国家体育总局领导找到王军霞，希望她放弃5000米，专注10000米。当时赛程十分紧凑，而且5000米并非王军霞的强项，夺冠希望渺茫。

时任国家体育总局领导的伍绍祖拍着王军霞的肩膀说："你不要有太大的包袱，放下所有的包袱上场比赛，成绩多少我们都可以接受。"最终，王军霞还是站在了5000米决赛的跑道上。由于夺冠希望不大，当时并没有专门安排啦啦队为她加油助威。

"老天还是很眷顾我的，我拿到了冠军。"王军霞如是说。在那个激动人心的时刻，一个身披国旗、泪洒赛场的女子，用自己的顽强拼搏书写了中国体育的辉煌篇章。

迟来的田径梦想

王军霞16岁才进入大连市体校开始接受正规的体育训练，起因是她天生就特别能跑。一般来说，体校中选择中长跑项目的学生早在八九岁就已经开始训练了，而王军霞的长跑启蒙整整晚了8年之久。

但王军霞并未被这一"先天不足"所困扰。她刻苦训练，成绩很快就超过了其他人。只要她一站上跑道奔跑起来，别的女孩子就休想追上她。在王军霞的人生字典里，"顽强"二字一直是个执着存在的关键词。

曾有一次，王军霞在接受记者采访时谈到亚特兰大奥运会，她打趣道："我一直是带病参赛。跑10000米时，我一听枪响腿就发软。最后参加5000米还拿了冠军。一个病人拿冠军，对其他选手真是不公平啊!"话虽是玩笑，但言语中却透露出她一贯的顽强品格。

书写中国田径新篇章

除了奥运会金牌，王军霞的辉煌战绩还包括世锦赛、世界杯等赛事的冠军头衔，并多次打破世界纪录。1993 年，她被世界权威体育月刊《田径新闻》(*Track and Field News*)评选为年度最佳女运动员，而年度最佳男运动员是篮球巨星迈克尔·乔丹。

1994 年，王军霞成为首位获得国际田径界最高奖项——杰西·欧文斯奖的中国人、亚洲人。同年，她还被评为"建国 45 周年体坛 45 英杰"之一，彰显了其在中国体育史上的卓越地位。

王军霞的成功，绝非偶然。俗话说："三百六十行，行行出状元。"优秀的人能取得骄人的成绩，并不在于他们拥有超人的天赋，而在于他们都怀揣一颗积极向上的心。

他们不会被困难打败，更不会被困难吓倒。困难只会激发他们的斗志，化作他们奋勇前行的动力！

王军霞就是这样一位顽强拼搏的优秀运动员。她用自己的汗水和泪水，谱写了中国田径运动的新篇章，用执着和坚韧，诠释了中华体育精神的深刻内涵。

明体达用

王军霞的故事不仅是中国体育史上的一段辉煌篇章，也是对中华体育精神的生动诠释。她的成长历程和夺冠经历所展现的顽强拼搏的精神、直面困难的勇气、积极向上的心态、为国争光的情怀和执着坚韧的品格，值得我们每一个人学习和借鉴。

1. **顽强拼搏的精神**

王军霞 16 岁才开始接受正规的体育训练，起步较晚。但她并未被这一"先天不足"困扰，而是通过刻苦训练，很快就超过了其他人。在1996年亚特兰大奥运会上，王军霞忍受着病痛的折磨，仍然站在了5000米决赛的跑道上，最终夺得冠军。这种顽强拼搏的精神，激励着我们在追求梦想的道路上坚持不懈、全力以赴。

2. 直面困难的勇气

在亚特兰大奥运会比赛前，王军霞一到比赛地就生病了，头疼发烧。面对领导让其放弃5000米的建议，王军霞没有退缩，而是选择了直面困难，最终用自己的顽强拼搏书写了中国体育的辉煌篇章。这种直面困难的勇气，鼓舞着我们在遇到挫折和挑战时，不畏艰险、勇往直前。

3. 积极向上的心态

王军霞曾打趣地说自己"一直是带病参赛"，甚至调侃"一个病人拿冠军，对其他选手真是不公平"。这种积极乐观、自嘲式的语言，体现了她积极向上的心态。这种心态帮助她战胜病痛、赢得冠军，也时时感染着我们。我们要在生活中保持乐观、积极的心态，用正能量去对抗困难。

4. 为国争光的情怀

王军霞夺冠后，身披国旗、泪洒赛场的画面成为中国人记忆中的经典。那一刻，她展示的不仅仅是个人的荣耀，更是作为一个中国人的无上骄傲。这种为国争光、为民族争气的爱国情怀，激励着我们在各自的岗位上奋发图强，以实际行动为祖国贡献自己的力量。

5. 执着坚韧的品格

除了奥运会金牌，王军霞还取得了世锦赛、世界杯等多项赛事的冠军，并多次打破世界纪录。这些辉煌成就的背后，是她执着坚韧的品格。正如她所说，"顽强"二字一直是她人生字典中的关键词。这种品格帮助她不断突破自我，创造奇迹，也启示我们在追梦路上百折不挠、永不放弃。

王军霞的故事告诉我们，成功从来都不是偶然的，而是努力的必然结果。只要我们怀揣一颗积极向上的心，以顽强拼搏的精神去面对困难，以执着坚韧的品格去追逐梦想，就一定能创造出无愧于时代的辉煌。让我们以王军霞为榜样，在人生的赛道上奋力奔跑，用奋斗和汗水书写属于自己的精彩人生！

奥运英雄：刘翔

人们不会忘记他，不仅因为他是奥运冠军，还因为他的"中国有我，亚洲有我"的呐喊。2004 年的雅典，夜色中，一个黄皮肤的男子站在了 110 米栏的起跑线上。无数的闪光灯聚焦在那张年轻英俊的脸上。他就是中国的刘翔。在黑色人种统治的短跑田径领域，他创造了 12.91 秒的辉煌。

历史时刻，中国骄傲

2004 年的雅典，刘翔站在了奥运会 110 米栏决赛的起跑线上。这是一个历史性的时刻，因为在 100 多年的奥运会历史上，他是闯进 110 米栏决赛的第一个中国人。

在他的前面，红色的跑道仿佛燃烧起来，那里承载着中国体育的光荣与梦想，也留下了中国体育的遗憾与无奈。而在他的身后，是教练信任和期待的目光，是全国人民热切的期盼和祝福。

在起跑线上，刘翔目光坚定，始终注视着跑道的终点。

准备，枪响，起步，刘翔箭一般地向终点冲去……

12.91秒！刘翔赢了！

世界沸腾，中国欢呼

刚刚冲过终点线的刘翔还没有缓过气来，许多记者已经向他涌去。

12.91秒，一个破了奥运会纪录、平了世界纪录的成绩！接近两个身位的领先，是一种征服，让所有的对手输得心服口服。那一刻，世界为中国沸腾！那一刻，人们为刘翔欢呼——一个来自中国上海、黄皮肤的亚洲人。

当刘翔站在雅典奥运会110米栏的领奖台前面时，他用了一个跳的动作登上了冠军领奖台。站在最高领奖台，刘翔向世界证明了中国人的实力，向世界展示了中国人的风采。

率性而为，爆发自我

面对众多记者，情不自禁的刘翔大声地释放着自己内心的声音："是的，今天我是世界冠军，我要让所有人都看到，我，一个黄皮肤的中国人，也能飞起来！"

在那一刻，刘翔爆发了。很少有运动员会说出这样率性的话。即便是在夺取奥运冠军、打破世界纪录的时候，他们也只会循规蹈矩地说些"谢谢教练，谢谢父母"诸如此类的话。而刘翔拒绝这样，因为为了这一刻他等待了太久，为了这一刻他付出了太多的汗水。

艰辛付出，成功之花

竞技体育的训练异常艰苦，是外人无法想象与忍受的。高难度和高负荷的训练让刘翔经常练到"吐"。每当夜晚躺在床上，刘翔膝盖内侧被栏架磕破的伤口总会隐隐作痛。但是第二天，他仍旧会风雨无阻地回到训练场地。刘翔也曾经有过放弃的念头，但最终他还是坚持了下来。他战胜了精神和身体上的双重痛苦，用奋力拼搏赢得了他今天的成就。

冰心曾说过："成功之花，人们往往惊羡它现时的明艳，然而当初，它的芽儿却浸透了奋斗的泪泉，洒满了牺牲的血雨。"我们看到别人成功时的喜悦，却常常忽略成功背后的艰辛付出。每一次的胜利，都是他们用自己的汗水浇灌出的成功之花。

奋斗不止，追梦脚步

刘翔的故事，是一个关于奋斗与梦想的故事。一分耕耘，一分收获，没有人能一步登天。

在通往梦想的道路上，我们都会遇到困难和挫折。但是，只要我们怀揣着梦想，坚持不懈地努力，就一定能够创造奇迹，就一定能够实现梦想。

让我们以刘翔为榜样，以奋斗为信念，以梦想为方向，勇敢地向前奔跑吧！因为我们相信，只要我们不停地奔跑，就一定能够到达梦想的终点，就一定能够创造属于自己的辉煌！

明体达用

刘翔在体育人生中用自己的实际行动，淋漓尽致地展现了他独特的人格魅力，诠释了自信自强的民族精神、率性真诚的个性魅力、顽强拼搏的不屈意志、勇于挑战的进取精神、永不满足的奋斗品格。

1. 自信自强的民族精神

刘翔在雅典奥运会夺冠后的那句"中国有我，亚洲有我"的呐喊，彰显了他强烈的民族自信和自豪。作为一个黄种人，他用实力在短跑这个被黑人选手垄断的项目上创造了辉煌，向世界展示了中国力量。这种自信自强的民族精神，体现了新时代中国体育健儿的风采，也必将激励更多的中国运动员在国际赛场上为国争光。

2. 率性真诚的个性魅力

刘翔在赛场上和采访中展现出一种率真自然、不做作的个性魅力。他不循规蹈矩，大声宣泄内心的喜悦，用最朴实的语言表达自己的感受。这种坦率直白、不矫揉造作的个性，给人一种纯真质朴、亲和有趣的感觉，让人难以忘怀。在当下充斥着"网红"的时代，刘翔这种真性情的个性魅力显得弥足珍贵。

3. 顽强拼搏的不屈意志

刘翔在追求梦想的道路上付出了常人难以想象的艰辛。高强度训练让他屡屡"吐"出来，膝盖被栏架磕破常常隐隐作痛。但他从未放弃，用顽强的意志战胜了身心的双重痛苦。这种不屈不挠、永不言弃的拼搏精神，正是他最终能够创造佳绩的关键所在。它激励我们在追求理想时要百折不挠，永不放弃。

4. 勇于挑战的进取精神

刘翔在雅典奥运会上创造了 12.91 秒的佳绩，破了奥运会纪录、平了世界纪录。这不仅是对自我极限的一次挑战，也是对传统的一次突破。在此之前，110 米栏一直被黑人选手垄断。刘翔的突破，让世界看到了中国力量。这种勇于挑战、敢于创新的进取精神，将激励更多中国运动员在世界体坛上书写新的辉煌。

5. 永不满足的奋斗品格

尽管已经在雅典夺冠，但刘翔并没有止步于此。他在接受采访时说："我要继续努力，因为我还年轻，我要打破自己的纪录。"这种永不满足、持续奋斗的品格，体现了一种对梦想永不止步的追求。它告诉我们，无论已经取得什么成就，都不应止步不前，而要勇敢地向更高的目标进军。

人生如花：郭晶晶

郭晶晶，一个响当当的名字。提起这个名字，人们往往会想到跳水台上那个矫健的身影。她是中国跳水队的领军人物，是中国跳水史上获得世锦赛金牌最多的运动员。然而，在这个闪耀的名字背后，却有着常人难以想象的艰辛和坎坷。

披荆斩棘，坚持梦想

7 岁开始练习跳水，15 岁首次参加奥运会，郭晶晶的跳水生涯可谓起步早、起点高。然而，天赋异禀并不意味着一帆风顺。连续两届奥运会的失利，骨折、视网膜脱落等伤病的折磨，感情的波折……郭晶晶的跳水之路，几乎处处是荆棘，步步是陷阱。

常人或许难以承受如此多的打击，但郭晶晶却始终保持着一颗乐观、坚韧的心。在她看来，顾影自怜从来都不是生活的主旋律，不断冲击金牌、实现梦想，才是她的人生追求。即使是在腿骨粉碎性骨折卧床一年之久的日子里，她也从未动过放弃的念头。"因为说也没用，都得自己承担着，这是自己选择的道路。"面对伤病的折磨，她早已习惯了疼痛，但更习惯了与疼痛抗争、与命运抗争。

直面失败，超越自我

竞技体育永远充满着变数和意外。2000 年悉尼奥运会，郭晶晶的最后一跳负于复出的师姐伏明霞，再次与奥运冠军擦肩而过。一时间，"阴影论"甚嚣尘上，似乎除了等待别人退出，她永无出头之日。

但郭晶晶却有着常人难以企及的自信和洒脱："我其实只输过一次，除了那次，全部都是我赢，根本没有谁可以成为我的阴影。"面对质疑和打击，她从不放在心上，因为她明白，只有超越自己，才是最大的胜利。

这种超越自我的精神，让郭晶晶之后的成绩一直保持着惊人的稳定性。在她的眼中，从来都没有什么阴影，因为她的对手只有自己。每一次比赛，她都在挑战自己的极限，突破自己的桎梏。她懂得调整心态，不排斥失误的出现，因为她明白，只有放下包袱，才能轻装前行；只有敢于面对失败，才能赢得最后的胜利。

2004 年雅典奥运会，郭晶晶终于实现了奥运夺冠的梦想，一举摘得女子 3 米跳板单人和双人两枚金牌，创造了中国跳水的历史。然而，成功的背后，是常人难以想象的汗水和泪水。没有人知道，为了这两枚金牌，她付出了多少心血，又经历了多少个不眠之夜。

2008 年北京奥运会，郭晶晶又两次登上最高领奖台，实现了个人斩获 4 枚奥运金牌的伟业。这一刻，所有的伤痛都烟消云散，所有的泪水都化作欢笑。在领奖台上，当五星红旗冉冉升起，当国歌响彻云霄，郭晶晶的眼眶湿润了。这一刻，她所有的付出都有了回报，所有的坚持都有了意义。

人生路漫漫，心态决定一切

人生路漫漫，荆棘密布。很多时候，我们往往被眼前的困难吓倒，因为我们把困难看得太清晰，把背后的风险想得太具体。殊不知，唯有放开自己，才能看到希望；唯有勇往直前，才能抵达彼岸。

人生如花，有的花朵娇艳欲滴，有的花朵平平无奇；有的花朵结出丰硕的果实，有的花朵却在风雨中凋零。人生亦如播种，有的播种换来金色的收获，有的播种却付之东流。然而，无论人生之花绽放得如何，无论播种是否有所收获，拥有好的心态，才能拥有幸福人生。心态，是一个人面对世界的态度和方式。面对挫折和失败，我们要学会坦然一笑；面对功名利禄，我们要学会淡然处之。一个人若心存感恩，则处处是风景；若心存怨恨，则处处是荆棘。心态决定高度，心态更决定境界。愿我们每个人都能时刻保持开放、平和、阳光的心态，以更加豁达的胸襟去感受世间的美好，去拥抱幸福的人生。

明体达用

坚定的梦想、不屈的意志、积极的自我暗示、良好的情绪管理能力，再加上坦然面对人生的智慧，共同铸就了郭晶晶乐观坚韧的心态。这种心态，不仅是她在跳水事业上取得成功的法宝，也是她收获如花人生的秘诀。

1. 坚定的梦想

郭晶晶从小就立下了成为跳水冠军的梦想，这个梦想支撑着她度过一个个艰难时刻。正如她所说："不断冲击金牌、实现梦想，才是我的人生追求。"坚定的梦想和目标，给了她前进的动力和方向，让她在困境中依然能够保持乐观和希望。

2．不屈的意志

面对伤病和失利，郭晶晶从不轻言放弃。"因为说也没用，都得自己承担着，这是自己选择的道路。"这种不屈不挠的意志，让她能够直面困难，坦然接受挫折，并始终相信只要坚持就会有希望。正是凭借这种品质，她才能一次次地从挫折中站起，最终实现梦想。

3．积极的自我暗示

面对外界的质疑和打击，郭晶晶总是善于给自己积极的心理暗示："我其实只输过一次，除了那次，全部都是我赢，根本没有谁可以成为我的阴影。"这种自我肯定，让她能够摆脱外界的负面影响，始终保持自信和乐观。她明白，只有战胜自己心中的恐惧和怀疑，才能真正超越自我，赢得胜利。

4．良好的情绪管理能力

在高压的竞技体育中，运动员的情绪起伏往往很大，但郭晶晶却展现出了超强的情绪调节能力。她懂得放下包袱，不排斥失误的出现，因为她明白，只有敢于面对失败，才能赢得最后的胜利。这种情绪管理能力，让她能够始终保持积极平和的心态，不受外界起起伏伏的影响。

5．坦然面对人生的智慧

郭晶晶深知，人生不如意事十之八九，关键是要学会调整心态，用平和的心态去对待得失。面对挫折和失败，我们要学会坦然一笑；面对功名利禄，我们要学会淡然处之。这种豁达的人生智慧，让她能够超脱地看待人生的种种际遇，始终保持乐观向上的生活态度。

跳水王子：熊倪

人生如一场马拉松，每个人都在追逐着自己的梦想。追求梦想的道路上，成功是人生不可或缺的一部分。然而，通往成功的道路并非一帆风顺，有时候，我们难免会遇到重重阻碍。这些阻碍看上去似乎不可逾越，但只要我们的方向正确，就要勇敢地坚持下去。因为经过艰辛的跋涉，黎明的曙光终会照亮美好的明天。

通过自己的不懈努力所取得的成功，会让我们感到无比的快乐和幸福。这份喜悦，是用汗水和泪水换来的，是用坚持和毅力铸就的。它远比不费吹灰之力得来的成功更加珍贵。

少年天才，初尝梦碎

1996 年亚特兰大奥运会，中国跳水选手熊倪勇夺男子 3 米跳板金牌。当五星红旗在亚特兰大上空冉冉升起，当国歌在赛场上空回荡，无数中国人为之动容，为之振奋。这一刻，熊倪梦寐以求的奥运冠军梦终于实现了。然而很少有人知道，这枚迟来 8 年之久的金牌，背后承载了怎样的酸甜苦辣。

时光倒流到 1988 年的汉城奥运会。彼时年仅 14 岁的熊倪初登奥运赛场，他在跳台上的完美演绎，一度让国人看到了冠军的希望。然而，由于裁判的不公正评判，这位跳水天才最终与冠军擦肩而过，屈居亚军。

梦碎汉城，少年熊倪并没有因此而气馁。在接下来的 4 年里，他奋力拼搏，在世界大赛上连连夺冠，共获得 4 个世界冠军。然而，1992 年巴塞罗那奥运会，熊倪再次与金牌无缘，只获得 1 枚铜牌。

亚特兰大，圆梦之旅

1996 年亚特兰大奥运会，是熊倪的第三次奥运之旅。经过汉城和巴塞罗那的洗礼，22 岁的他已经成长为一名成熟老练的选手。这一次，他志在必得，誓要为中国跳水队摘下首枚男子跳板金牌。

决赛那天，熊倪发挥出色，一举夺魁，圆了 8 年前的奥运冠军梦。他站上了最高领奖台，当金牌戴在他的脖子上时，所有的苦难都化作了泪水。这一刻，他泣不成声，因为这枚金牌，凝聚了他太多的心血和汗水。

退役复出，再战悉尼

1997 年，熊倪在全运会再次夺冠后，宣布退役。然而，1998 年，中国跳水队陷入低谷。作为一名有担当的运动员，熊倪毅然复出，重新披挂上阵。

2000 年悉尼奥运会，熊倪再次站在了跳板之上。决赛中，他的最大对手是俄罗斯名将萨乌丁。比赛进程跌宕起伏，萨乌丁一度领先。关键时刻，萨乌丁发挥失常，出现失误，熊倪抓住机会，跳出 81.60 分的高分，以微弱优势夺得冠军。

这枚金牌，为中国军团再添一金。之后，熊倪与肖海亮又夺得男子3米跳板双人冠军。熊倪传奇的运动生涯在此画上了一个完美的句号。4届奥运会，3枚金牌，熊倪用自己的坚韧和毅力，谱写了一曲追逐梦想的华彩乐章。

苦难，成功路上的垫脚石

法国文豪巴尔扎克曾说："苦难对于天才是一块垫脚石，对于能干的人是一笔财富，对于弱者是一个万丈深渊。"熊倪的成功，正是对这句话的最好诠释。

在通往成功的道路上，苦难和磨砺是不可避免的。它们就像荆棘，刺痛我们的脚踝；它们就像狂风，阻挡我们前进的脚步。但如果我们选择退缩，选择放弃，那么梦想永远只能是梦想。

只有那些勇敢地面对苦难、不断战胜苦难的人，才能尝到成功的甘甜。苦难，磨砺了他们的意志；挫折，锤炼了他们的品格。正是在与苦难的对抗中，他们从懵懂少年蜕变为成熟强者，从平凡之辈蜕变为时代精英。

明体达用

熊倪在跳水运动生涯中展现出的拼搏精神和不屈意志，正是湖湘精神的生动体现。湖湘精神，是湖南人特有的一种精神品格和文化特质，其核心是敢为人先、自强不息、坚韧不拔、淡泊名利。

1. 敢为人先，勇于创新

熊倪从小展现出非凡的跳水天赋，12岁就入选国家队，参加汉城奥运会。尽管当时年纪尚小，但他敢于与世界顶尖选手同台竞技，展现了敢为人先的勇气和自信。在后来的训练和比赛中，熊倪不断创新，研发高难度动作，推动了中国跳水运动的发展。这种敢于创新、勇于突破的精神，正是湖湘精神的重要内涵。

2. 自强不息，永不言弃

熊倪的跳水之路并非一帆风顺。1988 年汉城奥运会，他因裁判误判与金牌失之交臂；1992 年巴塞罗那奥运会，他再次遗憾摘铜。面对接连的挫折，熊倪没有气馁，奋力拼搏，在接下来的世界大赛上连连夺冠，展现了自强不息的体育精神。1996 年亚特兰大奥运会，熊倪终于实现了奥运冠军梦。这来之不易的成功，是他永不言弃的结果。熊倪以坚定的意志，诠释了何为自强不息。

3. 坚韧不拔，百折不挠

1997 年全运会后，熊倪曾宣布退役。但当中国跳水队陷入低谷时，他毅然复出，再次披挂上阵，展现了强烈的责任感和使命感。2000 年悉尼奥运会，年过 30 的熊倪再次站上最高领奖台，用实际行动诠释了"宁折不弯"的坚韧品格。"竹密不妨流水过，山高岂碍白云飞。"熊倪正是用他坚韧不拔的意志，演绎了"百折不挠"的湖湘精神。

4. 淡泊名利，甘于奉献

熊倪在跳水赛场上取得巨大成功后，并未被名利所累，而是选择淡泊名利，继续为国争光。即使在退役后，他也始终关注和支持中国跳水事业的发展，为后辈们传经送宝，甘于奉献。这种"先天下之忧而忧，后天下之乐而乐"的情怀，正是湖湘精神的又一重要体现。

熊倪在追逐跳水梦想的道路上，展现出敢为人先、自强不息、坚韧不拔、淡泊名利的品质，生动诠释了湖湘精神的内涵。他的成长历程和成功故事，不仅为中国体育增添了荣耀，也为湖湘儿女树立了榜样。让我们以熊倪为榜样，弘扬和传承湖湘精神，在各自的人生赛道上奋力拼搏，书写出无愧于时代的华彩篇章。

体操王子：李宁

　　在那个激情燃烧的夏夜，全世界的目光都聚焦在了北京。这座古老而又现代的城市，正在上演一场盛大的奥运盛宴。而在这场盛宴的最高潮，一个人的出现，点燃了所有人的热情。

　　他，就是李宁。

　　当这位已过不惑之年的体操王子，迈着矫健的步伐，手持火炬，点燃北京奥运圣火的那一刹那，所有人都为之震撼。那一刻，我们仿佛看到了他过去的辉煌，看到了他曾经带给中国人的自信与骄傲，看到了他与乔丹、贝利并列为 20 世纪最伟大运动员的风采。1984 年的洛杉矶奥运会上，李宁获得自由体操、鞍马、吊环三枚金牌，以及跳马银牌、男子全能铜牌、男子团体银牌，创造了体操史上的传奇，被称为"体操王子"。然而四年后，中国体育代表团兵败汉城。李宁在吊环比赛中，脚挂在了吊环上，但他微笑着落了下来；跳马比赛中，他重重地坐在了地上，但他微笑着站了起来。他的微笑，在当时曾被误解。但今天，他重新赢得了人们的尊重。因为人们看到，在那个微笑的背后，是一个顽强的灵魂，一个永不言败的斗士。

但是，谁又能想到，这个站在世界之巅的男人，曾经也只是一个普通的孩子呢？

命运之手

李宁，出生于广西柳州的一个普通家庭。他的童年，与其他孩子并无二致。他喜欢拿大顶，喜欢翻跟头，在家门口的倒立比赛中，总是拔得头筹。

但命运，似乎早已为他安排好了不平凡的道路。

上小学一年级的李宁，就参加了学校的课外体操小组。早自习时，身为班长的他，总爱跑到讲台上倒立，摆出"大"字，逗得底下的同学笑得前仰后合。

8岁那年，李宁离开家乡，进入广西壮族自治区体操集训队。在二十多个小孩中，他脱颖而出，成为留下的三个队员中年龄最小的那一个。

从那时起，李宁的人生轨迹，就注定与体操紧密相连。

天赋与汗水

李宁第一次正式登台亮相时，个子还够不着双杠，但他却完成了当时几乎没有人能做到的高难度动作，引起了江西队教练张健的注意。

那时，张健的弟子中，有一位叫童非的体操新星。但李宁的出现，几乎盖过了童非的光芒。

20世纪70年代，中国体操刚刚起步。要达到国际认可的水平，既需要天赋，也需要汗水。

10岁那年，李宁在训练中右臂骨折。医生建议他休养三年，但李宁担心自己会掉队，在回家养伤期间，他仍坚持训练。白天，他跑到学校练悬垂，小手又红又肿，疼痛钻心；晚上，他练习肘关节的恢复，更是疼痛难忍。

半个月后，他就急不可耐地回到了队里。12岁的小李宁软磨硬泡，教练才同意他每周训练部分时间。

伤痛，似乎成了李宁的常客。两年后，他从双杠上摔下，一块小骨片卡住了肘关节，胳膊无法伸直。医生认为，即使手术成功，李宁也要离开体操了。

整整三个月，李宁的右臂打着石膏。但即使这样，他还是想方设法地练习。人们常常看到，一个吊着绷带的小男孩，用一只手在体操房里练习前空翻、后空翻，做大量跳板、弹网动作。

皇天不负有心人，李宁的伤，奇迹般地痊愈了。

意志与荣耀

1980年11月，李宁随国家队前往莫斯科，参加世界体操锦标赛。在这片陌生的国度，大雪纷飞，李宁踌躇满志。

但就在他适应场地时，不慎将右踝骨严重扭伤，脚踝肿胀，脚不能沾地。此时，离比赛只有三天。

那时的中国男子体操队正处于上升期，李宁和其他五位队友都身怀绝技，希望在比赛中夺取团体第三。李宁的意外受伤，无疑让中国队陷入困境。

就在报名截止的那天凌晨，李宁悄悄起床。在教练面前，他试着从凳子上跳下，然后信心十足地用受伤的脚做单腿平衡和深蹲。这样的决心感动了教练，李宁如愿以偿地走上了竞技场。

最终，中国体操队以微弱的优势战胜了民主德国队，进入了世界前三名。

运动员的奖牌，一面是令人赞叹和羡慕的荣誉，一面是常人难以想象的伤痛和汗水。当同龄人还在为小小的失败而哭泣时，李宁已经擦干眼泪，重新投入各种危险而精彩的体操动作中了。

很多人将李宁的成功归于他的天赋，但从他的成长经历中，我们分明看到了一个比常人更努力的"笨鸟"，总是在别人之前起飞。

如果遇到伤痛就退出训练，我们今天就不会看到创造体操界奥运三金纪录的李宁，也不会有后来的中国运动品牌。幸好，在李宁的世界里，没有"如果"，只有顽强的毅力和不放弃的决心。

明体达用

李宁作为中国体操界的传奇人物，不仅仅是一位体操冠军，更是中国体育的一个符号。他的运动生涯伴随着中国体育的腾飞，他取得的辉煌成就对中国体育事业的发展产生了深远的影响。

李宁的成功展现了中国运动员不屈不挠、永不言败的体育精神。他从一个普通的孩子成长为"体操王子"，其中凝聚了常人难以想象的汗水和泪水。伤病似乎成了他的常客，但他从未因此退缩。即使在伤痛难忍的时候，他仍坚持训练。这种顽强拼搏的意志，不仅成就了他个人的辉煌，也为中国体育树立了一座不朽的丰碑。他的精神激励着一代又一代中国运动员在世界舞台上奋勇争先，为国争光。

1. 激发民族自信与骄傲

1984 年洛杉矶奥运会上，李宁一举夺得三枚金牌，这不仅是中国体操的辉煌成就，也是中国体育史上的重要里程碑。他的成功展现了中国体育的实力和潜力，激发了中国人民的民族自信和骄傲。在那个时期，中国正处于改革开放的初期，李宁的成就无疑为中国人注入了一剂强心针，激励着全国人民为实现中华民族伟大复兴而努力奋斗。

2. 推动体育运动的普及与发展

李宁的成就和影响力极大地推动了体育运动在中国的普及和发展。他的故事激励了无数青少年投身体育运动，追求卓越。李宁本人也积极参与体育事业的推广，通过成立体育用品公司等方式，为中国体育事业的发展做出了贡献。他的努力和付出，为中国体育人才的培养和体育产业的发展注入了活力。

3. 弘扬中华体育精神

李宁的人生历程是对中华体育精神最好的诠释。从一个普通的孩子到世界冠军，再到成功的企业家，他的每一步都走得坚定而执着。即使在遭遇挫折和质疑时，他也能微笑着面对，重新站起。他的坚韧不拔、勇于挑战、永不言败的精神，是中华体育精神的重要组成部分。他在面对伤痛和挑战时所展现出的积极态度和坚强意志，为无数体育人树立了榜样。

4. 促进体育与经济的融合发展

退役后，李宁成立了自己的体育品牌，将中国制造推向世界，为中国体育产业的发展提供了新的思路。在 2008 年北京奥运会开幕式上，当这位昔日的体操王子高擎火炬、点燃圣火的那一刹那，所有人都为之震撼。那一刻，人们看到了他的过去，更看到了中国体育的未来。如今，李宁品牌已经成为中国体育产业的一面旗帜，代表着中国体育人的创新精神和民族自信。李宁品牌的崛起，促进了体育与经济的融合发展，为中国体育产业的繁荣做出了贡献。

志在超越：龚智超

人们常说：很多事情如果不是亲眼所见，你不会相信。但是当我看见了生活中的龚智超后，我倒真不相信了：这样纤秀的女子，竟然是一个叱咤世界羽毛球运动的风云人物。

龚智超出生于湖南省安化县一个普通工人家庭，上有一个哥哥、一个姐姐。8岁的时候，她到县体校玩，被小小羽毛球迷住了。不久一天放学回家，她兴冲冲地向家人报告："我被少体校选中了，老师说我跑得快。"从此，她在少体校开始了她的羽毛球生涯。那时，她父母的工资加起来都不到230元，要负担全家五口人的生活。当知道小小年纪的龚智超可以在体校解决吃饭的问题后，母亲笑了，她觉得送女儿去体校是对的。四年后的一天，她又向家里人报告："我被省队选中了。"之后的事情人们都知道了，她成了世界瞩目的羽毛球巨星。

羽毛球之乡

湖南省安化县是一个偏僻的山区县，但这里"盛产"羽毛球冠军：从这里走出去了无数个奥运冠军、世界冠军、亚洲冠军、全国冠军，无怪乎人们称它为"羽毛球之乡"。龚智超的成功，更为"羽毛球之乡"添上了浓重的一笔。

龚智超的恩师文巨刚原是安化县一中一位普通的体育教师，后在业余体校任教练，是一位为中国羽毛球事业作出了突出贡献的功勋教练，更是一位羽毛球运动的痴迷者和奇才。他在发现人才和因材施教方面更是一绝，先后培养了唐辉、唐九红、廖智纯、龚智超、龚睿那、陈琳等70余名著名羽毛球运动员。龚智超很庆幸能遇到文巨刚，像她这样的身体条件，如果没有文巨刚教练的慧眼识才和悉心指导，则很难获得如今的成就。

扬己之长，避己之短

在龚智超成功之前，很多教练对她不到50公斤轻飘飘的身体摇头。对此，龚智超曾一度情绪低落，训练中提不起精神。然而，父亲的过早去世、家庭的生活困难，以及她较强的自信心，使她迅速地成熟起来。她避己之短，充分利用羽毛球场地的宽度和纵深，在技术打法上采用稳健的拉吊、快速灵活的步伐，和对方打多拍长久战。凭着这样的战略思想，经常是对手在她固若金汤的防守面前没了锐气，而聪颖机智的她更善于在多拍中捕捉对方的弱点和漏洞，抓准时机，后发制人。"这种打法很辛苦，但它适合我。"能看清自己，使龚智超前程光明无限。教练评价她："稳定的球技和心理、打多拍球的相持能力正是龚智超的过人之处。她在场上，大家心里很踏实，该赢的球她不会输。"

1996年4月，龚智超首次代表中国队参赛，就夺得亚锦赛女单冠军。其后的俄罗斯、荷兰、马来西亚羽毛球公开赛上，她分别获得第一、二、三名。1997 年，她先后出征日本、韩国、瑞典、英国，获 1 个冠军、3 个亚军。在踏入世界羽坛还不到一年的时间里，她从榜上无名上升到世界羽毛球女子单打排名第一，创造了世界羽坛单打选手排名上升最快的纪录。

"羽坛皇后"王莲香，是羽坛的大姐大，长期以来一直是我国女子单打选手的心理阴影。龚智超进入世界羽坛后，与王莲香第一次相遇时，就以 2：0 击败了她。此后又数次在决赛中击败了王莲香，人们把龚智超视作中国女羽振兴的希望，并称其为"王莲香的克星"。

为国争光，圆梦悉尼

在悉尼奥运会上夺得羽毛球女子单打冠军后，龚智超登上了领奖台。在国歌响起后，龚智超的泪水止不住地流了下来。这么多年来，这个沉默寡言的女孩子还是第一次这么放纵自己的泪水。她对记者说："我现在最想做的事，是回家看妈妈。"

远在长沙的龚妈妈也哭了。在电视机前，她放下一直紧握着的手，一刻未离开女儿身影的眼睛里噙满了泪花。她轻叹一声："不知道这么多年来她是怎么过来的……"

悉尼女子羽毛球比赛决赛是在当时世界女子羽毛球两个顶尖选手马丁与龚智超之间进行的。由于多年交手，她俩之间，比的已不是战术、技术，而是临场应变和状态发挥。比赛进行得非常顺利，第二局刚刚开始，龚智超就觉得要赢了。她说："到了第二局，马丁的球已经没有了速度和角度，过多的失误和过度的谨慎让她的球已经完全没有了威胁。"缺少了自信的马丁，很快就败了下来。赢下这场关键的比赛，对龚智超来说，是一个很大的心理释放。她说："一直支撑着我前行的力量，是我父亲的教诲和为国争光的信念，今天我实现了。"

龚智超在羽毛球赛场上展现的刻苦训练、扬长避短、自信乐观、为国争光、不忘根本的体育精神，不仅是她取得成功的法宝，而且是我们每个人应该学习的宝贵品质。

1. 刻苦训练，矢志不渝

龚智超 8 岁开始接触羽毛球，从一名普通的小运动员成长为叱咤风云的世界冠军，其中凝聚了她多年的汗水和努力。尽管她的身体条件并不出众，但她却凭借刻苦训练和科学的训练方法，一步步提升了自己的竞技水平。这种矢志不渝、持之以恒的训练精神，是她取得成功的关键所在。

2. 扬长避短，勇于创新

面对身体条件的劣势，龚智超没有气馁，而是在教练的指导下扬长避短，充分发挥自己步伐快速灵活和善于在多拍中捕捉对手漏洞的优势，创造了适合自己的独特技术打法。我们在学习工作中，也要善于发现和发挥自己的优势，用自己的长处去弥补短处，这样才能在竞争中赢得主动。

3. 自信乐观，永不言弃

在成长过程中，龚智超也曾面临过质疑和挫折，一度情绪低落，训练提不起精神。但她凭借较强的自信心和乐观的态度，迅速调整了心态，重新投入训练中。即使在与强手的交锋中，她也从不放弃，总是充满信心地迎接每一次挑战。正是凭借这种自信乐观、永不言弃的精神，她才能在逆境中成长，最终登上世界之巅。

4. 为国争光，不负使命

"一直支撑着我前行的力量，是我父亲的教诲和为国争光的信念，今天我实现了。"这是龚智超在悉尼奥运会夺冠后说的话。从这句话中，我们能够感受到她强烈的爱国情怀和使命担当。正是怀揣着这种为国争光的信念，她才能在关键时刻迸发出惊人的力量，最终实现了奥运冠军的梦想，为祖国和人民赢得了荣誉。

5. 不忘根本，饮水思源

尽管已经成为世界冠军，但龚智超始终保持着谦逊低调的品格。在夺冠后，她最想做的事情就是回家看望母亲。这种不忘根本、饮水思源的情怀，让人们看到了一个冠军背后朴实而真挚的内心世界。她的成功，离不开家人的支持和教练的悉心培养，她始终铭记着这些，这也是她赢得广泛尊重和喜爱的重要原因。

中国飞人：苏炳添

2021 年 8 月 1 日，东京奥运会男子 100 米半决赛，一个令人难以置信的奇迹在这里诞生了。中国短跑名将苏炳添，以 9.83 秒的惊人成绩刷新了亚洲纪录，震惊了全世界。

9.83 秒，这个数字，注定将载入史册，注定将被后人铭记。它不仅仅是一个纪录，更是一个民族的骄傲、一个时代的象征。它见证了一个平凡的中国运动员，如何用自己的汗水和努力，书写出一段不平凡的传奇。

劣势，黄种人的宿命？

在短跑这个项目上，黄种人似乎从来都不被看好。人们总是认为，黑人拥有得天独厚的身体条件，白人拥有优越的训练环境，而黄种人，似乎从基因上就注定了落后。

以往的世界纪录似乎也印证了这一点。在百米短跑的赛场上，黑人选手几乎包揽了所有的金牌。博尔特、盖伊、布雷克……这些如雷贯耳的名字，无一不是黑色肌肤的代表。相比之下，黄种人选手的成绩，总是难以令人满意。

但是，真的是这样吗？黄种人在短跑上，真的就没有一丝希望了吗？

苏炳添，平凡中的不平凡

苏炳添，一个来自中国广东的小伙子，似乎从一开始，就注定要打破这个宿命。

他没有黑人选手天生的爆发力，也没有白人选手优越的训练条件。他只有一个平凡的身体，一颗不平凡的心。

苏炳添的身高只有 1.71 米，在短跑选手中算是比较矮小的，他的每一步都要比对手少跨出几厘米。就拿博尔特来说，这位"闪电飞人"跑完 100 米只需要 42 步，而苏炳添，却需要四十七八步。

但是，苏炳添从来没有因此而气馁。他坚信，只要自己付出比别人更多的努力，就一定能够站到与他们相同的起跑线上。

于是，苏炳添开始了他的追梦之旅。

汗水，成就梦想的力量

2011 年，苏炳添的百米成绩是 10.16 秒。那一年，他才 22 岁，正是大好年华。但是，他并没有满足，因为他知道，这个成绩离他的梦想还差得很远。

于是，苏炳添更加刻苦地训练。2013 年，他跑出了 10.03 秒的成绩。尽管这已经是一个非常不错的成绩，但是对于苏炳添来说，还远远不够。

因为他的目标，是那个看似遥不可及的 10 秒大关。

在百米短跑领域，10 秒是一个神奇的数字。跑进 10 秒，意味着进入了世界级选手的行列。但是，这个目标对于黄种人来说，似乎是一个永远也达不到的梦。

但是苏炳添从来没有放弃。他明白，如果想要突破极限，就必须对自己的技术动作进行大胆的改革。

于是，苏炳添开始了一系列的尝试。他调整了主力腿，增加了步数，改变了发力点……每一次尝试，都伴随着无数次的失败和挫折。但是苏炳添没有气馁，因为他知道，只有经历了失败，才能迎来成功。

功夫不负有心人。2015 年 5 月，在国际田联钻石联赛尤金站，苏炳添跑出了 9.99 秒的惊人成绩，成为史上第一个闯入 10 秒大关的黄种人。

那一刻，苏炳添泪洒赛场。因为他知道，这不仅仅是他个人的胜利，更是全体黄种人的骄傲。

信念，比天赋更重要

很多人都说，苏炳添的成功，是因为他有着超人的天赋。但是事实真的是这样吗？

让我们回看苏炳添的成长历程。他出生于广东省中山市的一个普通家庭，父母都是普通的工人。和大多数孩子一样，苏炳添从小就喜欢运动，但是他的身体条件并不出众。

在学校里，苏炳添并不是跑得最快的那个。但是，他有一样东西，是其他人所不具备的，那就是对梦想的执着，和为梦想付出一切的决心。

苏炳添常说："我没有天赋，但是我相信，只要我比别人更努力，我就一定能超越他们。"

正是凭着这股不服输的劲头，苏炳添一步步地成长，一步步地接近他的梦想。

2018 年，在雅加达亚运会上，苏炳添以 9.92 秒的成绩，打破了由他自己保持的亚洲纪录。

2021 年，在东京奥运会上，苏炳添再次刷新了这个纪录，跑出了 9.83 秒的惊人成绩。

这一次，全世界都看到了这个黄皮肤的"中国飞人"。

中国速度，没有极限

9.83 秒，这个数字，不仅仅是一个纪录，更是一个起点。

它告诉我们，黄种人在短跑上，并非没有希望。它告诉我们，只要我们肯努力，肯付出，就没有什么不可能。

苏炳添用他的实际行动，证明了一个道理：天赋，并不是成功的唯一要素。比天赋更重要的，是坚持和努力。

在苏炳添身上，我们看到了中国速度的无限可能。我们相信，在不远的将来，会有更多的中国选手，站上世界田坛的最高领奖台。

因为，中国速度，不会止步于此。中国速度，没有极限！

让我们一起期待、一起见证中国速度的未来！

明体达用

苏炳添凭借百折不挠的意志、自强不息的拼劲，铸就了"中国速度"的里程碑，向我们生动展现了梦想照进现实需要付出常人难以想象的努力。

1. 坚持比天赋更重要

苏炳添的成功，并非偶然，而是日积月累的坚持和付出。他用自己的经历告诉我们，成功的路上，坚持和努力比天赋更加重要。百米跑道上，运动员即使成绩只提高 0.01 秒，都需要付出艰辛的努力。每一次自我超越，都离不开对梦想的执着和日复一日的坚持。每次站上赛场，苏炳添拿着卷尺测量起跑器距离的"名场面"已经广为人知。而很多人看不到的是，训练场上他一遍又一遍地蹬踏起跑器，一次又一次地回看录像。蹲身，起身，冲出跑道，再回到起点，蹲身，起身，冲出跑道……每个动作都全神贯注、精益求精，每场训练都全力以赴、力求突破。成千上万次的锤炼，最终成就了赛道上的成绩突破。

2. 拼搏是打开梦想大门的钥匙

反复淬火才能百炼成钢，竞技场上没有一蹴而就的胜利，苏炳添也不例外。在重大赛事中因为抢跑被罚下赛场，他把照片存进手机，提醒自己从失败中汲取教训。25 岁时，苏炳添萌生了更换起跑脚的想法，他要与自己长期训练中形成的习惯对抗，也要与可能出现的一连串不理想成绩对抗。30 岁时，腰伤和骨裂的困扰一度令他消沉，但最终他凭借顽强的意志走出低谷。不向困难屈服，不向挫折低头，苏炳添用自强不息、自我超越的拼搏精神打开了通往梦想的大门。

坚持和拼搏，是通往梦想的途径。在体育赛场上如此，在人生道路上亦然。让我们在各自的领域里不断突破自我，用坚持奋斗的汗水浇灌梦想之花，用不屈拼搏的勇气书写无悔人生，朝着更美好的明天奋勇前进！

成功没有捷径：王嘉男

王嘉男，这个来自中国辽宁的 90 后小伙儿，在世界田径锦标赛男子跳远决赛中，以 8.36 米的成绩勇夺冠军，成为历史上第一位在世锦赛上夺得跳远金牌的亚洲人，也是继刘翔、王浩、陈定之后，中国田径历史上第四位世界冠军。

在最后一跳完成这个惊天逆转的时刻，王嘉男泪洒赛场。那一刻，胜利的喜悦，夺冠的激动，多年来的汗水与泪水，都化作了脸上的泪痕。这是一个英雄的泪水，更是一个追梦者的泪水。

少年，从十项全能开始

王嘉男的体育之路，始于十项全能。

11 岁那年，他第一次参加全市运动会。因为在 60 米栏比赛中屈居亚军，他伤心地哭了。之后，这个倔强好胜的少年，走进了沈阳体育运动学校的大门。

在这里，他开始接触十项全能：100米、400米、1500米、110米栏、跳远、跳高、撑杆跳高、铅球、铁饼、标枪，每一项都要练。这种全面的训练，为他日后的跳远事业打下了坚实的基础。

14岁那年，他开始专攻跳远。16岁时，他在全国田径锦标赛上以8.04米的成绩夺冠，成为当时最年轻的"8米跳远者"。天赋与努力，在这个少年身上完美地融合，一个未来的跳远王者，正在冉冉升起。

跌宕，伤病与低谷

然而，成长的道路从来不会一帆风顺。伤病，成为王嘉男职业生涯的一大阻碍。

2016年，他遭遇了十字韧带撕裂。手术，康复，再手术，再康复……这个过程，几乎耗尽了他所有的精力。很多次，他都想过放弃。但每次，他都咬牙坚持了下来。

2017年全运会，他状态不佳，最终排名第五。这个结果，对于一个曾经的冠军来说，无疑是一个打击。质疑的声音开始出现，人们怀疑，这个曾经的天才少年，是否已经走到了尽头。

正如海明威在《老人与海》中所写："人不是为失败而生，一个男子汉可以被消灭，但是不能被打败。"王嘉男没有放弃。他知道，只有比别人更刻苦地训练，才能重回巅峰。于是，他调整了训练方案，改变了起跳技术。一次次的尝试，一次次的失败，一次次的调整……汗水，成为他最忠实的伴侣。

蜕变，技术的革新

2019年，王嘉男找到了自己的节奏。他开始尝试新的助跑方式，将助跑步数从20步改为18步。这个看似小小的改变，却让他的起跳更加流畅，动作更加协调。

同时，他还改变了起跳前最后两步的动作。他尝试在倒数第二步多做一个主动降步，来获得更大的反作用力。

这些技术上的革新，让王嘉男的跳远水平得到了质的飞跃。2019年，他在世锦赛选拔赛中跳出8.18米，轻松获得了世锦赛的入场券。尽管在多哈世锦赛上，他最终排名第五，但他重新找回了状态，也重新点燃了心中的梦想。

逆袭，绝地反击的一跳

2022年，俄勒冈世锦赛，王嘉男再次站在了跳远跑道的起点。

比赛进行到最后一轮，王嘉男排名第五，距离领先者还有8厘米的差距。面对这样的局面，很多人或许会选择放弃，但王嘉男没有。他知道，只要有一丝希望，就要全力以赴。

助跑，起跳，在空中舞动，落地。8.36米！当这个数字出现在大屏幕上的时候，全场沸腾了。王嘉男做到了！他用最后一跳，完成了惊天逆转，成为中国乃至亚洲跳远史上的第一人！

那一刻，王嘉男泪洒赛场。这是压力释放后的眼泪，是梦想成真后的眼泪。这一跳，不仅仅是对金牌的争夺，更是对自己的证明，对中国跳远的证明。

梦想，永不止步

王嘉男的故事，是一个关于梦想的故事。从一个普通的少年到一个世界冠军，他走过了太多的艰辛，经历了太多的磨难，但他从未放弃过自己的梦想。

跌倒了，爬起来；受伤了，治疗；失败了，再战。这就是王嘉男，一个用汗水和泪水铸就梦想的追梦人。

8.36 米，不是终点，而是新的起点。对于王嘉男来说，这只是他跳远生涯的一个里程碑。他的目标，是更远的距离，是奥运会的赛场，是中国跳远的新高度。

梦想，永远在前方。只要我们勇敢地追逐，坚持不懈地努力，没有什么是不可能的。这，就是王嘉男给我们的启示。

让我们向时代的英雄致敬，让我们与追梦的脚步同行。因为，只有不断突破自我，不断超越极限，我们才能创造奇迹，我们才能成就梦想。

明体达用

回顾王嘉男的冠军之路，我们可以清晰地看到，他的每一个成功，都是努力的结果。从十项全能的全面训练到跳远的专项练习，他打下了坚实的基础，积累了宝贵的经验。正是这种日复一日、年复一年的坚持，铸就了他今天的成就。

然而，成功的道路从来都不是顺利的。伤病、低谷、质疑……这些，都是每一个追梦者必须面对的挑战。2016 年的十字韧带撕裂，2017 年全运会的失利，对于王嘉男来说，无疑都是巨大的打击。但他没有放弃，没有退缩。他选择了直面挫折，选择了继续奋斗。这种百折不挠的意志，这种愈挫愈勇的精神，正是成功的关键。

在追逐梦想的路上，王嘉男也在不断地学习和创新。他敢于打破常规，敢于尝试变革。从助跑步数的调整到起跳动作的改变，他不断地探索，不断地突破自我。这种勇于创新的精神，这种与时俱进的态度，正是时代所需要的，也是成功的必由之路。

俄勒冈世锦赛的最后一跳，是王嘉男努力的结晶，更是他不屈不挠的写照。面对绝境，他没有放弃；面对压力，他选择了反击。这一跳，不仅为中国体育代言，也为无数追梦人鼓劲。它告诉我们，只要坚持到底，只要全力以赴，奇迹就会发生，梦想终会成真。

王嘉男的金牌，浸透着奋斗的汗水。成功，从来都不是一蹴而就的，它需要付出艰辛的努力，经受种种的磨砺。只有经历了风雨，才能见到彩虹；只有度过了寒冬，才能迎来春天。

在我们通往梦想的道路上，或许会有无数个想要放弃的瞬间，但只要我们像王嘉男一样，坚定信念，永不言弃，就没有什么不可能。因为，成功的道路上从来没有捷径，只要我们坚持走下去，就一定能抵达梦想的彼岸，收获属于自己的荣光。

让我们向王嘉男学习，以他为榜样，用汗水浇灌梦想之花，用坚持铸就成功之路。让我们携手并进，在追梦的道路上互相鼓励，互相支持。只有我们每个人都拿出不懈奋斗的勇气，只有我们每个人都怀揣必胜的信念，我们才能创造更多的奇迹，我们的社会才能充满更多的正能量。

只要我们勇往直前，就一定能创造出一个又一个王嘉男式的传奇，就一定能谱写出一曲又一曲追梦的华章！

梦想与坚持：巩立姣

东京的夏日，炙热而璀璨。阳光肆无忌惮地倾洒在新国立竞技场上，仿佛要将这个舞台点燃。空气中弥漫着一种特殊的气息，那是汗水、泪水和荣耀交织在一起的味道。

2021 年 8 月 1 日，注定是一个不平凡的日子。在这一天，一个中国女子，站上了奥运最高领奖台，书写了一段新的历史。她的名字叫巩立姣。

巩立姣，铅球场上的常青树

巩立姣，这个名字对于中国体育迷来说，已经不再陌生。她是中国女子铅球的代名词，是这个项目的绝对核心人物。从 2004 年雅典奥运会首次亮相到 2021 年东京奥运会再次出征，巩立姣已经参加了四届奥运会。她见证了中国女子铅球的崛起。

在这项充满力量与爆发力的运动中，巩立姣就像一棵常青树，矗立在铅球场上，一次次地突破自我，一次次地刷新纪录。她的每一次投掷，都饱含着对胜利的渴望，对梦想的追逐。

但是，巩立姣的道路并非一帆风顺。伤病、年龄、压力……这些都是她需要面对的挑战。特别是在里约奥运会后，很多人开始质疑她的状态，怀疑她还能否继续创造奇迹。

但巩立姣用行动回答了所有的质疑。她调整训练方法，优化技术动作，在与时间的赛跑中，一次次地超越自己。东京奥运会前，她在国内比赛中投出了 20.31 米的好成绩，无声地向世人宣告：巩立姣，还在巅峰！

东京，梦想照进现实

8 月 1 日，东京，奥运会女子铅球决赛的赛场。

巩立姣站在投掷区，深吸一口气，开始了她的第一投。铅球在空中划过一道完美的抛物线，落地，19.95 米！第三投，巩立姣又投出了 19.98 米的好成绩，牢牢占据了第一名的位置。

观众席上，中国观众的欢呼声响彻云霄，但巩立姣显得异常平静。她知道，比赛还没有结束，一切皆有可能。

20 米，是巩立姣赛前给自己定下的"及格线"。第五投开始了。巩立姣站在投掷圈内，深呼吸，持球，转身，滑步，出手——20.53 米。巩立姣这一投刷新了世界最好成绩，也将所有参赛选手的成绩远远地甩在了身后。但巩立姣没有满足，依然选择投完最后一投。第六投，她不负众望，投出了 20.58 米的个人最好成绩，毫无争议地夺得了东京奥运会女子铅球金牌。

20.58 米，这个数字注定将载入史册。因为就是凭借着这个成绩，巩立姣最终夺得了冠军，为中国田径队摘得了本届奥运会的第一枚金牌，也是中国田径历史上的首枚奥运会田赛金牌！

梦想，在这一刻照进了现实。巩立姣在站上最高领奖台的那一刻，泪水夺眶而出。这是梦想成真的泪水，是坚持到底的泪水。这一刻，所有的汗水都有了回报，所有的付出都有了意义。

背后，那些不为人知的故事

金牌的背后，是汗水，是泪水，是无数不为人知的故事。

巩立姣的成功，离不开她的教练团队。从教练李梅素到教练丛玉珍，她们一步步地将巩立姣打造成了一个铅球领域的佼佼者。

特别是李梅素，这位曾经的铅球名将，正是巩立姣的引路人。"巩立姣完成了我们老一辈铅球人没有完成的梦想，开启了铅球项目的中国时代。"赛后，李梅素激动地说。这句话，道出了几代中国铅球人的心声。从1982年李梅素在亚运会上夺冠，到2021年巩立姣在奥运会上夺金，中国女子铅球走过了漫长的道路。其中，有数代铅球人的努力和付出！

巩立姣的成功，也离不开她的家人的支持。从小，巩立姣就在父母的支持下，开始了铅球训练。在漫长的运动生涯中，家人一直是她最坚强的后盾。特别是在她低谷期、受伤时，是家人给了她无限的安慰和鼓励。

"我要把这枚金牌献给我的家人，献给所有支持我的人。"巩立姣说。是的，这枚金牌，不仅属于巩立姣，也属于所有为这枚金牌付出过努力的人。

铅球，生命中的一部分

对于巩立姣来说，铅球不仅仅是一项运动，更是她生命中的一部分。

从 12 岁开始投铅球，到 32 岁站上奥运会最高领奖台，铅球伴随了巩立姣 20 年。在这项运动中，她找到了自我，找到了人生的意义：每一次投掷，都是对自我的挑战；每一次比赛，都是对极限的突破。

"铅球教会了我坚持，教会了我不放弃。"巩立姣说，"无论遇到什么困难，我都会像在赛场上一样，咬紧牙关，努力到底。"

这，就是铅球的魅力，就是体育的力量。它不仅强健了巩立姣的身体，还塑造了她的灵魂。它让巩立姣明白，生命的意义不在于结果，而在于过程；不在于成功，而在于努力。

传承，中国铅球的新篇章

东京，见证了一个传奇的诞生，见证了一个梦想的实现。

但对于中国铅球以及中国体育来说，这仅仅是一个新的开始。巩立姣的金牌，不是终点，而是起点。它标志着中国铅球走向了新的高度，开启了新的时代。

未来，会有更多的"巩立姣"站在赛场上，去挑战极限，去追逐梦想。她们将秉承巩立姣的精神，将这份荣耀传递下去，将中国铅球的故事书写得更加辉煌。

巩立姣，谢谢你。谢谢你用汗水和泪水，书写了这个金色的夏天；谢谢你用坚持和努力，诠释了体育的真谛。你的名字，将永远铭刻在中国体育的史册上，激励着一代又一代的运动员前行。

传承，从这里开始。中国铅球的新篇章，已经翻开。

明体达用

巩立姣在东京奥运会上夺得中国田径历史上首枚奥运会田赛金牌，这个伟大成就的背后，凝结着她对梦想的执着追求和对事业的坚持不懈。

1. 梦想需要坚持不懈的努力

从 2004 年雅典奥运会首次亮相，到 2021 年东京奥运会问鼎巅峰，巩立姣用了 17 年的时间。这 17 年里，她经历了伤病、年龄、压力等重重挑战，但她从未放弃，一直在调整训练方法、优化技术动作，用顽强的毅力一次次突破自我极限。她的成功告诉我们，梦想不是注定的，它需要我们日复一日的坚持和付出。

2. 坚持需要对事业的执着热爱

巩立姣从 12 岁开始投铅球，到 32 岁问鼎奥运之巅，铅球陪伴了她 20 年。她说"铅球教会了我坚持，教会了我不放弃"。可见她对这项运动十分热爱，这种热爱支撑着她在漫长的职业生涯中不断前行。只有对自己的事业怀有热爱之心，才能在追求梦想的道路上持之以恒、百折不挠。

3. 梦想的实现离不开他人的支持

巩立姣的成功离不开教练团队的悉心指导，离不开家人的鼎力相助。她把金牌献给了所有支持过她的人，这份知恩图报的心意令人感动。梦想虽然需要个人的坚持，但它的实现往往需要许多人的支持和帮助，我们应该心存感恩。

4. 生命的意义不在于结果，而在于过程

巩立姣认为"生命的意义不在于结果，而在于过程；不在于成功，而在于努力"。她用行动诠释了这一理念，即使在里约奥运会后被质疑，她也没有气馁，而是继续努力前行。对于每个人来说，追求梦想的过程比梦想本身更加宝贵，它能磨炼我们的意志，丰富我们的人生。

巩立姣的故事如同一面镜子，映射出梦想与坚持的价值。她用自己的人生经历诠释了"行百里者半九十"的道理，激励我们在追梦的路上勇敢前行，永不放弃。她的精神和事迹必将被铭记在中国体育的史册上，激励更多人为理想而奋斗、为梦想而拼搏。

从失利到辉煌的四天：杜丽

2008 年 8 月 9 日，北京奥运会的首个比赛日，射击比赛的女子 10 米气步枪决赛在北京射击场如期举行。杜丽，这位来自山东的朴实女孩，肩负着卫冕冠军、奥运首金和主场作战的三重压力，站在了赛场上。然而，这一天并不属于她。杜丽在决赛中发挥失常，以 499.6 环的成绩获得第五名，与奖牌失之交臂。捷克名将卡捷琳娜·埃蒙斯以 503.5 环的成绩夺冠，并打破了杜丽四年前创造的奥运会纪录。杜丽眼看着本届奥运会的首枚金牌花落别家，未能续写雅典奥运会的辉煌。赛后，杜丽接受了采访，她坦言："今天的决赛打的感觉不是很好，可能还是赛前准备不够充分吧。"尽管预赛中她以 399 环的成绩表现出色，但决赛中的压力让她始终无法安静下来。杜丽笑着表示："可能有这方面原因吧。"她还提到，比赛前几天曾扭伤脚踝，虽然有些影响，但并非主要原因。在混合采访区，杜丽难掩伤心之情，泪流满面。她没有接受更多采访，直接回到了休息室。尽管失利让她感到痛苦，但杜丽没有倒下，她仍然在拼搏。

封闭训练：重新出发

8月9日失利后，杜丽立即从奥运村搬回了北京射击场熟悉的家。她选择住在一个封闭式的小屋子里，没有电视、电脑、电话，队友的成绩对她"保密"。杜丽每天要做的就是平复心情，专心训练，备战后面的比赛。她的教练为她量身定制了训练计划："不去管别人，就按照自己的训练计划认真练，把外界干扰降到最低。"这四天对杜丽来说，仿佛是一个漫长的煎熬。她回忆道："感觉这些天过得真的特别艰难，我记得有一天训练时我又打出了一组很一般的成绩，当时我都想放弃了……"但正是众多志愿者的支持和鼓励，给了她坚持下去的力量。杜丽感慨道："很高兴，我今天坚持下来了！"

再次绽放：夺得金牌

8月14日，杜丽重新站在了赛场上。在女子50米步枪三姿决赛中，她以690.3环的总成绩打破该项目决赛的奥运会纪录，夺得金牌。这是中国射击队在本届奥运会上夺得的第4枚金牌，也是中国代表团的第19枚金牌。登上最高领奖台的那一刻，杜丽绽放了最灿烂的笑容。她感慨道："这四天比我备战四年还难熬。"短短四天，在杜丽心里，却刻骨铭心——"因为我战胜了自己！"坚强的杜丽说道。

杜丽精神：永不言弃

在那个炎热的夏天，杜丽用自己的坚韧和不屈，诠释了中国运动员的拼搏精神。她那句"这四天比我备战四年还难熬"，道出了无数运动员的心声。面对挫折和困难，杜丽没有选择逃避，而是选择了直面。她暂时封闭了自己，只为能够在关键时刻重新绽放。那个泪流满面的女孩，终于站在领奖台上，向世界展示了中国女性的力量。杜丽的故事，不仅仅属于体育，更属于每一个为梦想而努力奋斗的人。她用执着和坚韧，诠释了永不言弃的内涵，为我们树立了宝贵的精神丰碑。

逐梦路上：坚持到底

人生的道路上，我们都难免会遭遇挫折和失败。但正如杜丽所展现的那样，关键是要有一颗积极向上的心，勇于面对困难，迎难而上。也许，我们无法改变过去的失败，但我们可以选择如何面对未来。让我们以杜丽为榜样，在跌倒的时候重新站起，在失败的时候重新出发。只要我们怀揣希望，坚定信念，就没有什么困难能够将我们打倒。在通往梦想的道路上，我们都会遇到许多的艰难险阻。但只要我们像杜丽一样，永不言弃，坚持到底，就一定能够创造出属于自己的辉煌。让我们携手前行，用执着和坚韧书写人生的篇章。让杜丽精神成为我们前进的动力，激励我们在逐梦的路上奋勇向前，创造出更加灿烂美好的明天！

明体达用

虽然杜丽在北京奥运会女子 10 米气步枪决赛中未能拔得头筹，但她没有被失败打倒，而是积极调整心态、迎难而上，在接下来的女子 50 米步枪三姿决赛中以优异的成绩赢得了金牌。杜丽的经历告诉我们，失败是人生的常态，重要的是如何面对。

1. 保持积极心态

杜丽在错失首金后没有一蹶不振，而是坦然面对失败，积极调整心态，继续努力训练。人生的道路上，我们都难免会遭遇挫折和失败，只有保持积极心态，迎难而上，才能有效应对困难，继续前行。

2. 有效应对压力

杜丽在主场作战的巨大压力下，依然能够调整心态，集中精力备战，最终取得胜利。大学生在面对学业考试或就业压力时，需要学会自我调节，只有保持冷静和专注，才能发挥出最佳水平。

3. 寻求支持和帮助

杜丽在处于困境时，得到了教练、队友和志愿者的支持，这让她感到温暖并坚持下来。大学生在遇到困难时，不要孤军奋战，应学会寻求朋友、老师、同学的帮助，以更快走出困境。

4. 不断进取的斗志

杜丽的经历告诉我们，失败并不可怕，可怕的是在失败面前失去斗志。生活从来不是一帆风顺的。每个人的人生航程中，都会遇到这样那样的困难和挑战。关键是，当困难来临时，我们能否勇敢地面对，并化险为夷。美好的生活，从来都需要我们去拼搏和奋斗。在与苦难的搏击中，我们更能体会到幸福的来之不易；在与挫折的角力中，我们更能领悟到成功的弥足珍贵。只有将困难转化为前进的动力，将挫折视为成长的阶梯，我们才能笑到最后，成为生活中真正的强者。

从女队陪练到冬奥会冠军：武大靖

武大靖，这个名字如今已经家喻户晓。但很少有人知道，在他成为短道速滑界的领军人物之前，他也曾是一个普通的少年。

武大靖的滑冰生涯，始于他 10 岁左右。那时，他开始学习短道速滑。冰场上，他摔过无数次跤，也受过无数次伤，但他从未想过放弃，因为在他心中，有一个清晰的目标——成为一名优秀的短道速滑运动员。

进入短道速滑业余队后，武大靖的训练更加艰苦。每天凌晨 3 点多，当同龄人还在甜美的梦乡中时，他已经起床，带着冰刀，骑着自行车，来到零下 30 多摄氏度的室外冰场训练。

冰场上，武大靖总是最早到、最晚走的那个。长时间超负荷的训练，让他的脚被冰鞋磨破了。训练结束换鞋时，鞋中竟倒出血水来。但疼痛从未让他退缩，因为他知道，只有经历了这些，才能离自己的目标更近一步。

陪练员的磨砺

2010 年，武大靖破格进入国家短道速滑队，但他并没有直接成为主力队员，而是从一名陪练员开始。

对于很多人来说，从业余队直接进入国家队，已经是一个巨大的成功。但对武大靖来说，这只是新的起点。他明白，要在国家队站稳脚跟，需要付出更多的努力。

为了进入主力名单，武大靖开始了自我分析和改进。他找来自己的、队友的以及世界高水平运动员的训练和比赛录像，反复分析比较，找出自己的不足，并针对性地改进自己的技术。

功夫不负有心人。通过不断的努力，武大靖的成绩突飞猛进。他终于从一名陪练员成长为国家队的主力队员。

冰场上的荣光

2018 年 2 月 22 日，平昌冬奥会短道速滑男子 500 米决赛，是武大靖职业生涯的转折点。

赛前，中国队屡次被判犯规，短道速滑项目被安排在最后一个比赛日，这是最后一次冲击金牌的机会。巨大的压力，笼罩在每一个中国选手的心头。

但武大靖没有被压力击倒。在决赛中，他以 39.584 秒的成绩打破了世界纪录，强势夺冠。这枚金牌，不仅是中国在平昌冬奥会上的首枚金牌，也是中国男子短道速滑选手在冬奥会上的首枚金牌。

武大靖，用他的实力，为中国短道速滑队赢得了荣誉，也为自己的职业生涯写下了浓墨重彩的一笔。

2018 年 9 月，武大靖成为中国短道速滑队队长。作为队长，他不仅要带领队员在赛场上争金夺银，还要在赛场外起到表率作用。武大靖用他的行动诠释了什么是一名合格的队长。

冰场外的大爱

武大靖的故事，不仅仅是一个运动员的成长史，更是一个有爱心、有责任感的公众人物的故事。

在赛场上，武大靖是一个拼搏到底的战士。但在赛场外，他是一个热心公益的好青年。他常利用休息时间参加慈善活动，拍卖自己的冬奥速滑战服，将善款捐给"EYE 明天"公益项目，帮助失明或处于失明边缘的孩子。

他还多次带头为困难孩子捐款，到养老院、福利院看望孤寡老人和孩子们。在他看来，这些都是一个公众人物应尽的责任。

武大靖用他的行动诠释了什么是大爱。他用自己的影响力，为这个社会带来了更多的温暖和正能量。

冰雪精神的传承

武大靖的成长历程，让我们看到了运动员的拼搏、坚持和不屈不挠，让我们看到了一个青年人的责任感和奉献精神，让我们看到了冰雪精神。

武大靖，已经成为中国冰雪运动的一面旗帜。他的故事，激励着一代又一代的年轻人去追逐自己的梦想，去为国争光，去奉献社会。

冰雪精神，在武大靖的身上得到了完美的诠释。而这种精神，也必将在更多年轻人的身上得到发扬。

让我们为武大靖喝彩，也为所有像武大靖一样在自己的领域里拼搏、奉献的人喝彩。因为有了他们，我们的社会才会更加美好；因为有了他们，冰雪精神才会代代相传，生生不息。

1. 坚持的力量

武大靖的成功，是坚持的结果。从 10 岁开始学习短道速滑到进入国家队成为主力队员，再到打破世界纪录夺得冬奥会金牌，武大靖一路走来，经历了无数的艰辛和挫折。但他从未放弃，一直坚持着自己的选择。这种坚持，最终让他站上了冠军的领奖台。这启示我们，任何事情的成功，都离不开坚持。只有坚持不懈，才能实现我们的目标。

2. 刻苦训练的重要性

武大靖的成绩，是刻苦训练的结果。凌晨 3 点起床、脚被冰鞋磨出血泡……武大靖付出了常人难以想象的努力。正是这种刻苦的训练，铸就了他今天的成就。这启示我们，任何技能的提升，任何目标的实现，都需要刻苦的训练和努力。天赋固然重要，但更重要的，是我们付出的汗水。

3. 自我反省和改进的意义

武大靖从陪练员到主力队员的转变，源于他对自己的反省和改进。他虚心学习，找出自己的不足，并针对性地加以改进。这种自我反省和改进的精神，值得我们每个人学习。这启示我们，只有不断审视自己，不断改进自己，我们才能不断进步，不断成长。

4. 奉献精神的可贵

武大靖不仅是一个优秀的运动员，也是一个有爱心、有责任感的公众人物。他积极参与公益活动，用自己的影响力去帮助那些需要帮助的人。这种奉献精神，彰显了一个运动员的社会责任感。这启示我们，无论我们身处何种位置，都应该心怀大爱，都应该尽自己的一份力量，去奉献社会。

5. 为国争光的重要性

武大靖在赛场上的拼搏，不仅仅是为了个人，更是为了国家的荣誉。他深知自己肩负的责任，深知自己代表的是国家的形象。这种国家荣誉感，激励着他在赛场上奋勇争先，为国争光。这启示我们，作为一个中国人，我们都应该有强烈的国家荣誉感。无论我们从事什么职业，我们都应该以我们是中国人而自豪，都应该为国家的荣誉而奋斗。

武大靖的故事告诉我们：成功从来都不是偶然的，它来自我们的坚持和努力；一个人的价值，不仅在于他的成就，也在于他的奉献；作为一个中国人，我们都应该为国家的荣誉而奋斗。

让我们以武大靖为榜样，在自己的人生道路上坚持不懈，刻苦训练，不断自我改进，心怀大爱，为国争光。相信通过努力，我们一定能在自己的领域里，创造出属于自己的辉煌。

努力永远不会欺骗人：苏翊鸣

在即将年满 18 岁的前三天，苏翊鸣靠着自己的努力和坚持，赢得了梦想中的北京冬奥会金牌作为自己的成年礼。他和单板滑雪的故事，宛如童话一般美好。

天赋初显

苏翊鸣与单板滑雪的缘分，始于他的童年。当他第一次站在滑板上时，他的天赋就已经显露无遗。

在北京冬奥会上，世界上极为优秀的单板滑雪选手们齐聚一堂。而在这群优秀的选手中，苏翊鸣以其非凡的天赋和能力脱颖而出：他是唯一两次成功完成转体 1800 度的选手。

但天赋，只是成功的基石。在冰雪运动中，天赋固然重要，但更重要的，是后天的努力和坚持。而苏翊鸣，恰恰具备了这两种品质。

汗水铸就

在冬奥会的赛场上，苏翊鸣展现出了超乎寻常的实力和稳定性。而这一切，都源于他在赛场外流的汗水。

为了追逐自己的梦想，苏翊鸣付出了常人难以想象的努力。高强度的训练，是他日常生活中的一部分。当同龄人还在享受青春的快乐时，他已经在冰雪中挥洒汗水了。

在追逐梦想的路上，从来都不会一帆风顺，苏翊鸣也曾遭遇过伤病的困扰。2017 年，他在训练时不慎摔成小腿骨折。伤病，成了他通往成功路上的一道坎。

但苏翊鸣没有退缩。对于他来说，最困难的不是身体上的伤病，而是克服受伤所带来的心理阴影。他知道，只有战胜自己的心理阴影，才能重新站在赛场上。

挫折磨砺

除了伤病，学习和挑战高难度动作，也是一个充满艰辛的过程。

有时候，苏翊鸣需要用很长时间去学习一个动作。就像在北京冬奥会比赛中完成的动作，之前在训练中他已经练习过无数次，但在真正的雪地上，他却发现自己无法完成。

这种落差，对苏翊鸣来说，无疑是一个巨大的心理打击。但他没有被挫折击倒。他明白，只有不断地尝试、不断地调整，才能最终掌握这些高难度动作。

在苏翊鸣的字典里，没有"放弃"这两个字。无论是面对身体上的伤病还是面对心理上的挫折，他都能坚持下去。因为他知道，只有经历了这些磨难，才能铸就最后的成功。

点亮梦想

是什么支撑着苏翊鸣，在这条充满艰辛的路上不断前行？答案是一份纯粹的热爱。

对苏翊鸣来说，单板滑雪不仅仅是一项运动，更是他生命中不可或缺的一部分。在单板滑雪时，他能够体会到其他项目无法带给他的快乐。

这份快乐，点亮了苏翊鸣的人生，也点亮了他的梦想。他领悟到，努力永远不会欺骗人。只要专注，并且付出全部的努力，就一定能完成一个又一个目标。

北京冬奥会上的金牌，就是苏翊鸣努力的结晶。当他站在领奖台上，聆听国歌响起的那一刻，所有的汗水和泪水，都化作了最甜美的果实。

世界之巅

从一个怀揣梦想的少年到一个站在世界之巅的冠军，苏翊鸣用他的努力，诠释了什么是追梦的力量。

苏翊鸣的故事，还在继续。在未来的日子里，他还会继续在单板滑雪的赛场上奋勇拼搏，为国争光。而他的精神，必将激励更多的冰雪少年去追逐自己的梦想。

明体达用

1. 热爱是最好的老师

苏翊鸣对单板滑雪的热爱，让他在面对身体上的伤病和心理上的挫折时，仍能找到前进的动力。这种热爱让他在冰雪的世界中找到了自己的位置，也让他在赛场上展现出非凡的技术。这启示我们，当我们对某件事充满热爱时，我们会自然而然地投入更多的精力去学习和提高，即使在这个过程中遇到困难，热爱也能成为我们克服困难的动力源。

2. 勇气是面对恐惧时的盾牌

苏翊鸣在面对伤病带来的困扰时，选择了不退缩。他的勇气让他能够克服心理障碍，重新站在滑雪板上，继续追求卓越。这启示我们，在生活中，我们也会遇到各种困扰，只有勇敢地面对和克服，我们才能继续前进。

3. 专注是达成目标的钥匙

在苏翊鸣的训练中，他的专注让他能够不断地改进技术，最终在冬奥会上取得优异成绩。他的专注不仅体现在技术上，还体现在每一次训练和比赛上。这启示我们，无论我们追求的是什么目标，专注都是实现目标的关键。只有全身心地投入，我们才能发现问题、解决问题，最终达成目标。

4. 逆境是成长的土壤

苏翊鸣在训练中的受伤和挑战新动作时的失败，都成了他成长的催化剂。这些逆境磨炼了他的意志。这启示我们，逆境虽然艰难，但也是成长的机会。在逆境中，我们能学到更多，成长得更快。

5. 自我超越是无限可能的源泉

苏翊鸣在不断地超越自己，每一次的训练和比赛都是对自我极限的挑战。正是这种自我超越的精神让他在赛场上创造了奇迹。这启示我们，不要局限于自己的舒适区，只有不断地挑战自我，我们才能发现更多的可能，实现自己的目标。

"军神"：吕小军

　　在举重这项运动中，吕小军就是传奇的代名词。2021 年的东京奥运会，见证了这位传奇人物的又一次巅峰时刻。37 岁的吕小军，在男子 81 公斤级的赛场上，以 374 公斤的总成绩夺得金牌，并打破了抓举、挺举和总成绩的奥运纪录。

　　这枚金牌，不仅仅是吕小军个人的荣耀，更是中国举重史上的里程碑。它让吕小军成为中国举重史上年龄最大、拥有奥运奖牌数最多、唯一连续参加三届奥运会的"三朝元老"。

　　但吕小军的传奇，远不止于此。在健身圈，他同样是受人追捧的"大神"。他那如雕塑般的身材，那"力拔千斤"的力量，无不令人敬佩。

　　这一切，都源于吕小军多年如一日的自律与坚持。这，就是一个关于梦想、关于信念、关于永不放弃的励志故事。

少年，举重梦的开始

吕小军的举重之路，始于少年时代。

那时的他，还只是一个普通的农村孩子。但命运，似乎早已为他安排好了不平凡的道路。

1997 年，13 岁的吕小军开始练习举重。从此，举重，成为他生命中不可分割的一部分。

刚开始训练的日子，并不容易。高强度的训练，枯燥乏味的重复，常人难以承受的痛苦，都是每一个举重运动员必须面对的考验。

但吕小军没有退缩。他明白，梦想的实现，从来都不是一蹴而就的。只有经历了汗水和泪水的洗礼，才能收获成功的果实。

于是，他咬紧牙关，坚持训练。一次次地挑战自我，一次次地突破极限。渐渐地，他的举重成绩开始提升，他开始在赛场上崭露头角。

少年的梦想，就这样在汗水中生根发芽，在坚持中茁壮成长。

青年，奥运梦的追逐

2008 年，北京奥运会，吕小军第一次站上奥运赛场。

那一年，他 24 岁，正值青春年华。他怀揣着奥运梦想，踏上了证明自己的舞台。

然而，奥运赛场的残酷，超出了他的想象。激烈的竞争，沉重的压力，让这个初出茅庐的青年感到了前所未有的挑战。

最终，他以抓举 170 公斤、挺举 204 公斤、总成绩 374 公斤的成绩，获得了第四名。虽然与奖牌擦肩而过，但这个成绩，已经在奥运历史上留下了他的印记。

从北京到伦敦，从伦敦到里约，吕小军的奥运之路，是一段不断追逐梦想的旅程。

2012 年伦敦奥运会，他获得金牌；2016 年里约奥运会，他再次站上领奖台，为中国队夺得一枚宝贵的银牌。

每一次奋战，每一滴汗水，都见证了这个青年如何一步步地向着自己的梦想进发。

壮年，不断超越的传奇

岁月流转，时光荏苒。转眼间，吕小军已经步入了而立之年。

对于很多运动员来说，30 岁，往往意味着职业生涯的末期，但对于吕小军而言，这却是他书写传奇的新起点。

2018 年，在世界举重锦标赛上，吕小军以抓举 180 公斤、挺举 218 公斤、总成绩 398 公斤的成绩，夺得男子 81 公斤级金牌，并打破了挺举和总成绩的世界纪录。

这一年，他 34 岁，却仍然在不断地刷新着人们对年龄和极限的认知。

在健身圈，吕小军同样收获了无数的赞誉。他那教科书般的技术动作、完美的肌肉线条，让无数健身爱好者倾倒。他的一个训练片段，在国外视频网站上播放量超过 500 万次，"军神"的称号由此而来。但这一切的背后，是常人难以想象的付出。日复一日的训练，年复一年的坚持，这些看似枯燥乏味的过程，早已成为吕小军生命中不可或缺的一部分。

"现在举重对我来说就是一个喜欢，我把举重当成健身在玩。"在旁人眼中极度枯燥的训练，对他而言，却是一种享受。

这，就是吕小军的人生哲学。他用热爱去对抗枯燥，用坚持去对抗困难，用自律去对抗诱惑。正是凭借这种人生哲学，他不断地超越自我，不断地创造传奇。

未来，梦想永不止步

2021 年，东京，第 32 届夏季奥林匹克运动会。

对于 37 岁的吕小军来说，这或许是他职业生涯的最后一届奥运会，而他的梦想，从未停止。

赛场上，他再一次展现了"军神"的风采。374 公斤的总成绩，不仅让他成功卫冕，还让他再次将自己的名字刻录在奥运史册上。

赛场外，他依然在不断地挑战自我。"不断挑战的人生，我觉得才活得精彩。"这是他的座右铭，也是他的人生信条。

巴黎奥运会，吕小军还会出战吗？没人知道答案。但有一点是可以确定的：无论是否再战奥运，吕小军的梦想，都不会止步。

因为对他而言，梦想，从来都不是一个终点，而是一个不断前进的方向。只要还有一口气，他就会继续向前，继续挑战，继续创造传奇。

明体达用

"军神"吕小军的成长故事不仅仅是一段传奇，更是一部关于梦想、坚持和奋斗的生动教材。

首先，吕小军的故事告诉我们，梦想的力量有多伟大。从 13 岁练习举重开始，举重就成为他生命中不可分割的一部分。为了实现自己的梦想，他付出了常人难以想象的努力。高强度的训练，枯燥乏味的重复，常人难以承受的痛苦，他都一一克服。正是凭借着对梦想的执着追求，他才能一步步成长为"军神"。这启示我们，只要怀揣梦想，并为之不懈努力，就没有什么不可能实现的。

其次，吕小军的经历说明了坚持的重要性。从北京到伦敦，从伦敦到里约再到东京，他的奥运之路跨越了 13 年。这 13 年，他挥洒了无数的汗水和泪水，也遭遇过失利和挫折，但他从未放弃。"不断挑战的人生，我觉得才活得精彩"，这是他的座右铭，也是支撑他不断前行的动力。这告诉我们，成功从来都不是一蹴而就的，只有坚持到底，才能见证梦想开花结果的那一刻。

再次，吕小军的故事诠释了什么是永不言弃的精神。在很多人眼中，30 岁意味着运动员职业生涯的末期，但对于吕小军而言，这是他书写传奇的开始。34 岁，他打破世界纪录；37 岁，他再次站上奥运会的最高领奖台。他用实际行动证明，只要你不给自己设限，就永远有突破极限的可能。这种勇于挑战自我、不断超越极限的精神，值得我们每个人学习。

最后，吕小军的成长历程也启示我们，要用热爱去对抗枯燥，用坚持去对抗困难，用自律去对抗诱惑。在旁人眼中枯燥乏味的训练，在他看来却是一种享受。正是凭借着这种发自内心的热爱，他才能在举重这条道路上走得如此之远。同时，他也用自律的生活方式，抵御了名利的诱惑，始终保持着对举重的专注。这提醒我们，无论做什么，都要以热爱为基础，以自律为保障，这样才能走得更稳、飞得更高。

吕小军的传奇人生告诉我们，梦想不分大小，只要你愿意为之付出，就一定能创造奇迹。他用二十多年的时间，诠释了梦想的力量，展示了坚持的意义。这种精神，不仅仅是他个人的财富，更是整个民族的宝贵财富。

让我们以吕小军为榜样，以梦为马，不负韶华。让我们用热爱去点燃生命，用汗水去浇灌未来。相信只要我们永不言弃，就没有到达不了的远方；只要我们坚持不懈，就没有实现不了的梦想。

未来，还有更多的传奇等待我们去书写，还有更多的奇迹等待我们去创造。让我们携手前行，在追梦的路上留下自己独特的印记。因为，每一个平凡的我们，都有机会成为不平凡的传奇。

年轻人要敢于尝试：张振海

2019 年，西班牙巴塞罗那，世界轮滑锦标赛的赛场上，一个年轻的身影吸引了所有人的目光。他，就是来自中国的张振海。

在速度轮滑男子青年组 1000 米的比赛中，张振海以出色的表现，为中国队斩获了首金。这是中国速度轮滑男子运动员在境外取得的第一个世界轮滑锦标赛冠军，是中国轮滑史上的一个里程碑。

但这个里程碑的背后，是无数个日日夜夜挥洒的汗水，是无数次跌倒后的爬起，是一个少年对梦想的执着追求。

平凡中的不凡

张振海，一个来自普通家庭的孩子，一个看似平凡的少年，有着平凡的外表，但在这平凡的外表下，藏着一颗不凡的心。

他的轮滑之路，始于一次偶然的机会。那时的他，还只是一个瘦小的孩子，对轮滑一无所知。但当他第一次穿上轮滑鞋，第一次感受到风在耳边呼啸而过的刺激时，他就知道，这就是他想要的生活。

然而，梦想的道路从来都不平坦。张振海刚开始学轮滑时，成绩并不突出，反而还比较落后。因为身材比同龄人瘦小，体能很难跟上，他的内心有些动摇。

但张振海没有放弃，因为他有一个梦想，一个为国争光的梦想。

汗水铸就的辉煌

张振海明白，没有任何成功是唾手可得的。如果想实现自己的梦想，就必须付出比别人更多的努力。

于是，他开始了刻苦的训练。一边苦练基本功，一边努力摸索提升的办法。每一天，他都在挑战自己的极限；每一天，他都在超越昨天的自己。

就在这个时候，他遇到了他人生中的导师——速度轮滑世界冠军骆威霖。在骆威霖的带领下，张振海的训练更加科学和系统。从基本功开始，体能怎么练、核心部位怎么练、技术怎么学、综合练习怎么进行……骆威霖给他带来了全新的训练理念。

同时进行的，还有日积月累的"跑圈"。一天三练，一圈 200 米，一天要滑两三百圈。等到赛事前，还得加强训练，增加至一天四练。汗水，成为他生活的主旋律；疲惫，成为他最常感受到的状态。

但他知道，这些汗水，这些疲惫，都是通往梦想的必经之路。

梦想照进现实

扎实地、科学地训练，让张振海的实力不断提升。在一次次的比赛中，他的成绩不断刷新，他的名字开始在轮滑界被越来越多的人知晓。

然而，这一切，都只是他梦想的开始。

2019 年，世界轮滑锦标赛，这是张振海梦寐以求的舞台。他知道，这是他展示自己、实现梦想的最好机会。

比赛的那一天，张振海感受到了前所未有的压力。但当他站在赛道上，听到身后传来的加油声时，他突然感到一种前所未有的力量。

那是梦想的力量，是信念的力量。

比赛开始了，张振海像一只矫健的豹子，在赛道上飞驰。每一次推蹬，每一次转弯，都展现出他完美的技术和惊人的速度。

终点线越来越近，胜利的味道越来越浓。最后的冲刺，张振海爆发出了自己全部的力量。

一个纪录，一个历史，在这一刻被改写。张振海，以 1 分 27 秒的成绩，夺得了中国速度轮滑男子运动员在境外的第一个世界轮滑锦标赛冠军。

那一刻，所有的汗水，所有的疲惫，所有的付出，都化为了泪水，化为了笑容。梦想，在这一刻，照进了现实。

传递梦想的火炬

对张振海来说，这个冠军，不仅仅是他个人的荣誉，更是中国轮滑的骄傲。他知道，自己肩负着传递梦想的责任。

"轮滑是一项青春、时尚、花样众多、非常刺激的有氧运动，也是一项大众都可以参与进来享受健康生活的运动。"张振海开始积极地推介轮滑，开始用自己的影响力去感染更多的人。

他常常说："年轻人要敢于尝试，你不尝试，怎么会知道没有结果呢?"他希望，通过自己的努力，能让更多的人了解轮滑，喜欢轮滑，加入轮滑。

因为他知道，每一个梦想，都需要有人去点燃；每一个梦想，都需要有人去传递。

梦想，永不止步

今天，当我们回望张振海的故事，我们看到的，不仅仅是一个冠军的诞生，更是一个梦想的实现。

从一个普通的孩子到一个世界冠军，张振海走过的，是一条充满汗水和泪水的路。但正是这条路，铸就了他的辉煌，铸就了他的梦想。

张振海的故事告诉我们，梦想，从来都不是一蹴而就的。它需要我们的坚持，需要我们的付出，需要我们的勇气。只要我们敢于去追逐，只要我们敢于去尝试，梦想，就一定会照进现实。

今天，张振海还在继续他的逐梦之旅。因为他知道，梦想，永远都不会止步。

在他的影响下，越来越多的年轻人开始了解轮滑，开始练习轮滑，开始追逐自己的梦想。

这，也许就是张振海故事最大的意义。他不仅实现了自己的梦想，还点燃了无数人心中的梦想之火。

让我们一起，向张振海致敬，致敬这个用汗水和努力铸就辉煌的青年，致敬这个用梦想和信念点亮未来的冠军。

让我们一起，去追逐自己的梦想。因为，正如张振海所说："你不尝试，怎么会知道没有结果呢？"

梦想，从来都不遥远。它，就在我们每一次的努力中，就在我们每一次的尝试中，就在我们每一次的坚持中。

让我们一起，点燃梦想的火炬，照亮前行的路。因为，梦想，永不止步。

1. 梦想的力量

张振海的故事告诉我们，梦想有着不可估量的力量。正是因为有了为国争光的梦想，张振海才能在训练中坚持下来，才能在比赛中超越自我。梦想，给了他前进的方向和动力。这启示我们，每个人都应该有自己的梦想，因为梦想可以让我们的生命更有意义，让我们的努力更有目标。

2. 坚持的重要性

张振海的成功，是坚持的结果。从最初的落后到最后的冠军，他经历了无数次的挫折和困难。但他没有放弃，而是选择了坚持。正是这种坚持，让他不断进步，最终实现了梦想。这启示我们，成功从来都不是一蹴而就的，它需要我们日复一日的坚持和努力。

3. 学习的力量

张振海的进步，离不开学习。当他遇到瓶颈时，他虚心向骆威霖学习，掌握了更科学的训练方法。正是这种学习的态度，让他不断提升自己。这启示我们，学习是一个终身的过程，我们要始终保持谦逊和开放的心态，从他人的经验中汲取智慧。

4. 付出的必要性

张振海的付出，是他成功的基础。那些日复一日的训练，那些一圈又一圈的跑步，都是他辛苦的付出。没有付出，就没有收获。这启示我们，任何成功，都需要我们的付出。

5. 影响力的意义

张振海没有满足于个人的成功，而是开始用自己的影响力去推广轮滑运动，去鼓励更多的年轻人追逐梦想。这启示我们，个人的成功，不应该是终点，而应该是一个新的起点。我们要学会使用自己的影响力，去帮助和激励更多的人。

6. 尝试的勇气

"年轻人要敢于尝试，你不尝试，怎么会知道没有结果呢？"这是张振海常常说的一句话。这启示我们，年轻人就应该勇敢地去尝试，去探索未知的可能性。因为只有尝试，我们才能发现自己的潜力，才能找到属于自己的道路。

张振海的故事告诉我们，每个平凡的人，都有实现梦想的非凡潜力，关键是要勇于有梦，敢于追梦，勤于圆梦。让我们以张振海为榜样，在自己的人生道路上不断追逐梦想，不断超越自我。只要我们坚持不懈，梦想终会照进现实。

从头再来，整装待发：赵帅

在跆拳道的世界里，每一次踢击都是对自我极限的挑战，每一场比赛都是对精神的磨砺。赵帅，这位年轻的跆拳道选手，用他的汗水和坚持，书写了一个个激动人心的故事。

从辽宁到江苏

赵帅，1995 年 8 月 15 日出生于辽宁省朝阳市，9 岁开始在朝阳市体校进行业余跆拳道训练，后来由于启蒙恩师张彦峰转投江苏省常州市体育运动学校，赵帅在年仅 11 岁时便背井离乡，跟着张彦峰教练去了常州。2009 年，刚刚年满 14 岁的赵帅进入江苏省跆拳道队做女队的陪练，从此走上了更为严格和专业的跆拳道生涯。

回忆起这段成长经历，赵帅对江苏怀有满满的感激之情："江苏给我带来了很多很多，首先训练的条件非常好，还有就是领导和教练对我非常关心和支持。江苏给了我很多。"

书写中国跆拳道历史

在北京时间2016年8月18日进行的里约奥运会跆拳道比赛中，赵帅一路过关斩将，夺得男子58公斤级金牌，实现中国男子跆拳道奥运金牌零的突破。当时，年仅21岁的赵帅初登奥运赛场，浑身上下洋溢着初生牛犊不怕虎的气势。从八分之一决赛到最后的决赛，他一路淘汰了来自西班牙、摩洛哥、墨西哥和泰国的顶尖高手，拿到中国跆拳道男子选手在奥运会上的首枚金牌。

靠自己的成绩让五星红旗在奥运赛场升起，是赵帅永生难忘的时刻："拿冠军的时候，身为国家的一分子，我觉得很骄傲。能够在奥林匹克赛场升起自己国家的国旗，唱国歌，我觉得这是一辈子都不能忘记的。"

"吐"出来的奥运金牌

据赵帅介绍，他原本的体重是68公斤，对于身高达1.88米的男运动员来说，算是十分消瘦的了，但为了实现中国男子跆拳道奥运金牌零的突破，他在里约奥运会上参加的竟然是58公斤级的比赛。

这意味着在获得奥运资格之前，他要做的第一件事就是减重。从68公斤减到58公斤，这是常人无法想象的煎熬。"每天吃得越来越少，训练强度还要跟得上去。开始时每天还能吃两碗米饭，喝两瓶水，后来只能吃一碗米饭，喝一瓶水，到最后根本就不喝水。"赵帅回忆说，"2014年大奖赛也是奥运积分赛，当时体重还多0.1公斤，但马上就要称重了，我就吐口水，吐到口水都没有了，只能把手伸进嘴里面，呕出酸水，最后体重终于达标。"

这种战略性的减重果然有效，但随着年龄增长，体重增加，新的奥运周期必须面对升级的新考验，而赵帅的想法是"这辈子再也不想降体重了"。

从 58 公斤级到 68 公斤级的挑战

从里约奥运会的 58 公斤级到 2017 年世锦赛的 63 公斤级，再从 2017 年全运会直到现在的 68 公斤级，赵帅一直都在不断地挑战自己。每升一个级别，对于职业运动员而言就意味着积分要从零开始，同时还要面临比赛打法的全新挑战。因为在 58 公斤级的比赛中，1.88 米的赵帅优势突出，而升级到 68 公斤级后，国际比赛"一轮游""两轮游"却是常事儿。

"我要升级别，一直在犹豫自己到底行不行，因为 68 公斤级和 58 公斤级，感觉是完全不一样的。68 公斤级的综合能力特别是对抗能力要特别强。"赵帅说，"以前我先把对手顶飞，现在人家会一脚把我踹出去。人家力量大、速度快，连续性又比我强，所以我会不自信。"

好在慢慢通过艰苦的训练和比赛尝试之后，赵帅逐渐建立起信心，"我觉得自己也不差什么。人生就在于不同的尝试、不同的经历。我现在努力训练，结果会顺其自然到来的"。

2018 年 12 月世界跆拳道大满贯系列赛总决赛，赵帅在黄金加时赛中终于获得国际大赛 68 公斤级冠军，次年 5 月的曼彻斯特世锦赛和 10 月的索菲亚大奖赛，赵帅连续体验到了成功的喜悦。

跆拳道，这项集力量、技巧和精神于一体的竞技项目，因为有了赵帅这样的运动员，显得更加精彩和鼓舞人心。每一次踢击，不仅是对对手的挑战，也是对自我极限的超越。赵帅的故事，就是他自我挑战、自我超越的心路历程。

1. 坚持和毅力的重要性

赵帅从小开始练习跆拳道，11 岁时便离开家乡去江苏训练。在成长和训练的过程中，他展现出了非凡的坚持和毅力。这种品质对于任何想要在体育领域或其他领域取得成功的人来说都是必不可少的。

2. 挑战自我，突破极限

为了在里约奥运会上夺得金牌，赵帅不得不将体重从 68 公斤减到 58 公斤，这对于他来说是一个巨大的挑战。后来，他又不断挑战自己，从 58 公斤级升到 68 公斤级。这种不断挑战自我、突破极限的精神值得我们每个人学习。

3. 面对困难和挫折时的勇气

在升到 68 公斤级后，赵帅在国际比赛中经历了不少困难和挫折。但他没有气馁，而是通过艰苦训练重新建立起自信，最终在这个级别取得了成功。这种面对困难和挫折时的勇气和韧性，是成功的关键。

4. 体育精神的力量

赵帅在奥运会上夺冠的那一刻，五星红旗升起，国歌奏响，他为祖国和人民感到无比自豪。这体现了体育的力量，它不仅仅是个人的胜利，更代表着民族的荣誉。这种体育精神激励着一代又一代的运动员为国争光。

5. 不断学习和进步的态度

跆拳道是一项综合性很强的运动，需要力量、速度、技巧等各方面能力。赵帅在不断学习和进步，努力提高自己的综合实力。这种持续学习和进取的态度，是我们每个人都应该培养的。

这一刻，她盼了 19 年：马俊婷

2021 年 8 月 5 日，东京奥运会空手道赛场，一个年轻的身影走到了两位决赛选手的中间。她，就是来自中国的马俊婷，东京奥运会上最年轻的空手道裁判。

当她举起右手，高声宣布获胜者的那一刻，她实现了努力 19 年的梦想。

那一刻，是空手道历史的一个里程碑，也是马俊婷人生的一个高光时刻。

梦想的起点

马俊婷的空手道之路，始于 2002 年。那时的她，还只是一个普通的上海女孩，对空手道一无所知。但当她第一次接触到这项运动，当她第一次感受到拳脚相加的快感，她就知道，这就是她想要追逐的梦想。

然而，成为一名优秀的空手道运动员，并非易事。马俊婷在训练中付出了无数的汗水，经历了无数次的挫折。但她没有放弃，因为她心中有一个声音在不断地告诉她：坚持下去，你的梦想就在前方。

2006 年，一个转折点出现在马俊婷的生命中。她决定转型，成为一名空手道裁判员。这个决定，改变了她的人生轨迹，也为她的梦想开启了一扇新的大门。

梦想的追逐

成为一名优秀的空手道裁判员，同样需要付出巨大的努力。马俊婷深知这一点，因此她从未停止过学习和进步的脚步。

她先后担任世界空手道联盟裁委会委员、亚洲空手道联盟裁委会委员、中国空手道裁委会主任、中国空手道协会执委。这些头衔，不仅是对她能力的认可，也是她不断追逐梦想的见证。

2020 年，一个历史性的机会出现了。空手道，第一次作为正式比赛项目，进入了夏季奥运会。对于所有空手道运动的参与者来说，这是一个梦寐以求的时刻。马俊婷，也不例外。

为了能够参与东京奥运会空手道比赛的执法，马俊婷从 2020 年 3 月开始就一直奔波于各站奥运积分赛。她在生活和工作上都做了很大的牺牲，但她知道，这一切，都是为了她心中的那个梦想。

梦想的实现

2021 年 8 月 5 日，东京奥运会空手道赛场，梦想，终于照进了现实。

在 16 名裁判中，马俊婷被电脑随机抽中，成为决赛的当值主裁。这一刻，她肩负着一个历史性的任务，肩负着空手道人 50 年来的梦想。

当她走到两位决赛选手的中间，举起右手，高声宣布获胜者的那一刻，她的内心，是激动不已的。

"比赛场地从这头走到那头，总共12米。就像很多运动员有时候会激动地亲吻场地一样，我当时看起来可能很镇定，内心却是激动不已。我与两位运动员有过眼神的交会，看到两人渴望、期盼、信任的眼神，感觉自己身上肩负着空手道人50年来的梦想。我责任重大、无比光荣，能宣布世界空手道联盟成立50年来的第一块奥运金牌。"

这一刻，不仅仅是空手道的胜利，更是马俊婷个人梦想的实现。19年的努力，19年的坚持，在这一刻，都有了最好的回报。

梦想的传承

对马俊婷来说，东京奥运会的经历，是她一生中最宝贵的财富。直到回国之后，她还会时不时地用手机观看当时的视频，看着看着，眼眶就湿润了。

但她知道，这不仅仅是她个人的成就，更是整个空手道运动的里程碑。作为一名裁判，她有责任将这份梦想传递下去，激励更多的年轻人投身到空手道运动中来。

"空手道，不仅仅是一项运动，更是一种精神。它教会我们尊重、谦逊、坚持和勇气。我希望，通过我的努力，能让更多的人了解空手道，喜欢空手道，加入空手道的大家庭。"

这，就是马俊婷的新梦想。一个将空手道精神传递下去的梦想，一个将空手道运动推向新高度的梦想。

明体达用

1. 把握历史机遇，勇于创造历史

马俊婷的故事告诉我们，当历史机遇来临时，我们要勇于抓住，勇

于创造历史。空手道第一次进入奥运会，这是一个历史性的时刻。马俊婷通过自己的努力，成了这个历史时刻的参与者和创造者。这启示我们，当面对人生的重要机遇时，我们要敢于去争取，敢于去创造，因为这可能会成为我们人生的转折点。

2. 在不同角色中追求卓越

马俊婷的经历告诉我们，无论我们扮演什么角色，都要追求卓越。她从一名空手道运动员转变为一名裁判，并在裁判这个角色上达到了世界级的高度。这启示我们，我们的人生可能会扮演不同的角色，但无论我们是什么角色，都要以最高的标准要求自己，都要在自己的领域追求卓越。

3. 在重大时刻展现最好的自己

当马俊婷走上奥运会决赛的赛场时，她深知这一刻的重要性。她没有被压力所击倒，而是在这个重大时刻展现了最好的自己。她的镇定、专业和准确，让这个历史性的时刻变得更加完美。这启示我们，在人生的重大时刻，我们要学会调整心态，学会在压力下展现最好的自己，因为这些时刻，可能会成为我们人生的高光时刻。

4. 个人的成就与集体的荣耀相连

当马俊婷宣布奥运会空手道比赛的结果时，她不仅仅是在宣布某个人的胜利，更是在宣布整个空手道运动的胜利。她个人的成就，与空手道运动的集体荣耀紧密相连。这启示我们，我们个人的成就，往往不是孤立的，它们都与我们所在的集体息息相关。我们要学会将个人的成就与集体的荣耀相连，因为这会让我们的成就更加有意义。

5. 用自己的经历激励他人

马俊婷希望用自己的经历去宣传推广空手道，让更多的人了解空手道，喜欢空手道，同时也希望用自己的经历去激励更多的年轻人投身到空手道运动中来。这启示我们，我们要学会分享自己的经历，用自己的故事去鼓舞和影响他人，这会让我们的人生更加有意义。

马俊婷的故事，是一个关于把握机遇、追求卓越、展现自我、连接集体、激励他人的故事。它告诉我们，在人生的不同阶段，在不同的角色中，我们都要以最高的标准要求自己，都要勇于去创造历史。同时，我们也要意识到，我们的成就从来都不是孤立的，它们都与我们所在的集体、与我们身边的人紧密相连。

这，就是马俊婷的故事给我们带来的独特启示。让我们以她为榜样，在自己的人生舞台上勇于追求卓越，勇于创造历史，用我们的经历去激励和影响更多的人。因为，这样的人生，一定会闪耀着不平凡的光芒。

打网球的"背篓少年"：王发

在 2022 年青少年网球巡回赛广州站的赛场上，一个特殊的身影吸引了所有人的目光。他皮肤黝黑，笑容腼腆，背上还背着一个竹编的背篓。当他高举 U14 组男单冠军奖杯的那一刻，全场沸腾了。人们为这个来自云南临沧沧源佤族自治县的"背篓少年"王发而欢呼，为他的不懈努力和出色表现而喝彩。

然而，很少有人知道，这一刻的荣耀，是王发用汗水和泪水浇灌出来的。它凝聚了他 6 年的艰苦训练，凝聚了他对网球的无限热爱，也凝聚了他对美好生活的无限向往。

艰苦的训练岁月

对于出生在大山深处的王发来说，网球曾经是一个遥不可及的梦。在他的家乡，很少有人知道网球为何物，更没有像样的训练场地和设施。而王发却对这项运动有着难以言喻的热爱。他渴望有朝一日，能够站在专业的赛场上，挥拍实现自己的梦想。

为了这个梦想，王发付出了常人难以想象的努力。每天清晨，当山村还笼罩在晨雾中时，他已经起床开始了训练。挥拍 7000 次、体能训练，单调而枯燥的训练内容，日复一日，年复一年。炎炎烈日下，他挥汗如雨；寒冬腊月里，他依然坚持。

艰苦简陋的训练条件，没能阻挡王发的脚步。没有标准的球场，他就在山间的泥地上练习；没有专业的教练，他就靠着教学视频自学。

有时候，王发也会感到疲惫和沮丧。但每当这时，他就会想起自己的梦想。他知道，只有不断地练习，不断地进步，才能有机会站上更大的舞台，实现自己的理想。于是，他咬紧牙关，继续挥拍，继续奔跑。

绽放在赛场上的光芒

功夫不负有心人。经过多年的刻苦训练，王发终于等来了展示自己的机会。2022 年，他参加了青少年网球巡回赛广州站的比赛，并一路过关斩将，杀入了 U14 组的决赛。

决赛那天，王发背上了他最珍爱的竹编背篓。这个背篓，曾经装过他的网球和拍子，陪伴他度过了无数个训练的日日夜夜。如今，它见证了主人的成长，见证了一个山村少年的蜕变。

比赛开始了。面对来自全国各地的强手，王发没有丝毫的怯场。他挥拍的动作干脆利落，每一个球都打得又快又狠。他的脚步矫健灵活，在球场上来回穿梭，不知疲倦。

最终，王发以 2∶0 的比分战胜对手，夺得了冠军。当裁判宣布比赛结果的那一刻，王发激动地跪在了球场上。他知道，这一刻，不仅属于他自己，也属于所有像他一样，在艰苦环境中追逐梦想的孩子们。

体育，通往梦想的桥梁

王发的故事，让我们看到了体育的力量。对于像王发这样的山里娃来说，体育是通往梦想的桥梁。它打通了向上奋进的渠道，让越来越多的孩子有机会走出大山，走向更广阔的天地。

而体育"润物细无声"的滋养，更为可贵。在汗水的浇灌下，孩子们练就了强健的体魄；在困难的磨砺中，他们锤炼出乐观自信的品格；在比赛的历练中，他们筑牢了不畏艰难、不懈奋斗的人生底色。

这些品质，将成为孩子们一生的财富。无论未来的道路多么曲折，无论前方有多少荆棘和坎坷，他们都能以昂扬向上的姿态，以奋力奔跑的勇气，去开创属于自己的美好人生。

奔向更远大的梦想

今天，王发已经成为家乡孩子们心目中的偶像和榜样。越来越多的孩子开始拿起球拍，开始在球场上奔跑。他们看到了王发的成功，也看到了努力的力量。

对王发来说，夺冠只是梦想实现的开始。他知道，在网球的道路上，还有更多的挑战在等待着他。但他不会退缩，因为他有梦想的指引，有坚定的信念，更有奋力奔跑的勇气。

相信在不久的将来，我们会在更大的赛场上，再次看到王发和他的背篓。那一刻，他不再是一个默默无闻的山村少年，而是一个闪耀在世界舞台的体育明星。

这，就是体育馈赠给所有孩子们最好的礼物：昂扬向上的姿态，奋力奔跑的勇气，以及对美好生活的无限向往。它告诉我们，只要怀揣梦想，只要努力拼搏，就没有什么不可能。

这个来自云南山村的"背篓少年"，用他的经历诠释了梦想的力量，展示了努力的意义，也让我们看到了体育的独特作用。

首先，王发的成长经历告诉我们，梦想的实现需要付出怎样的努力。从一个偏远山村的普通孩子到站上全国青少年网球赛场的冠军，王发走过的每一步都凝结着汗水。每天7000次的挥拍，枯燥而单调的训练，艰苦而简陋的条件……他没有退缩，而是凭借着对网球的热爱和对梦想的执着，一步步地成长、进步。这种不懈的努力，这种坚韧的毅力，正是实现梦想必不可少的品质。

其次，王发的故事也让我们看到了体育在孩子成长过程中的独特价值。对于像王发这样的山里孩子来说，体育不仅仅是一项运动，更是一个改变命运的机会。通过体育，他们有机会走出大山，看到更广阔的世界；通过体育，他们可以锻炼强健的体魄，塑造乐观自信的品格；通过体育，他们能够磨砺意志，学会不畏艰难、不懈奋斗。这些品质，将成为他们一生的宝贵财富，助力他们创造更加美好的未来。

再次，王发的成功也带动和激励着更多的山里孩子去追逐梦想。他用实际行动证明，无论出身多么贫寒，无论条件多么艰苦，只要怀揣梦想，只要努力拼搏，就一定能够创造奇迹。如今，越来越多的孩子开始拿起球拍，开始在球场上奔跑。他们看到了榜样的力量，也看到了奋斗的希望。这种梦想的传递，这种信念的延续，正是体育最宝贵的意义所在。

最后，王发的经历也启示我们，成功不是终点，而是新的起点。夺得全国冠军，只是他网球梦想的第一步。未来，他还要面对更多的挑战，还要付出更多的努力。但有了梦想的指引，有了坚定的信念，有了奋力奔跑的勇气，他一定能在更大的舞台上绽放光芒，为家乡带来更多的荣光，为所有像他一样追梦的孩子指明方向。

"云南滑翔机"圆梦职业联赛：矣进宏

在云南山区的一个小村庄里，有一个叫矣进宏的男孩。他从小就对篮球有着无限的热爱。尽管家境贫寒，条件有限，但他从未放弃过自己的梦想。

追梦之路：不屈不挠的体育精神

矣进宏的身体条件并不出众，脚是扁平足，100 米跑的成绩也只有 13 秒左右，但他有一颗不服输的心。为了打好篮球，矣进宏付出了常人难以想象的努力。

没有专业器材，他就绑沙袋去爬山；为了训练腿部力量，他在石头路上练蛙跳。终于在大一时，1.75 米的矣进宏首次完成了扣篮。但也是在这一年，他的父亲意外去世，母亲的身体也每况愈下。

为了让家人放心，矣进宏大学毕业后来到了云南的一家企业工作。

朝九晚五的生活让他感到窒息，他的心始终无法远离篮球。即便上班，他也会偷偷溜出去打球。

网红之路：勇于创新与自我突破

在朋友军哥的建议下，矣进宏辞职后开始尝试制作扣篮的短视频。没想到短视频一发布就爆火，他更是被网友誉为"云南滑翔机"。

2015 年，矣进宏接受网红球员陈登星的邀请，加入了中国民间扣篮团队"Made in China"，开始随队参加商业活动。2020 年，矣进宏参加了 CBA 全明星扣篮大赛并一举夺冠。成名后，除了能获得高额出场费，更多的商业资源也向他涌来。一个老板曾给他开出了 400 万元年薪的条件，但矣进宏拒绝了。"这不是我想要的。"他说，"我想为云南篮球培养自己的孩子。"

职业篮球：坚持梦想与社会责任

2023 年，矣进宏为了梦想参加了 CBA 选秀大会，并且加盟了北京控股篮球队（简称北控队），成为 CBA 有史以来首位选秀成功的"草根"球员。虽然北控队给矣进宏开出的年薪只有 10 多万元，但他觉得自己赚了。因为在北控队试训期间，他学到了很多专业知识。

"我希望未来能把这些知识带回家乡，让孩子们有我之前没有的条件。"矣进宏说。

来到球队后，矣进宏严格要求自己。他大幅减少了发布短视频的次数，全身心投入训练中。哪怕只有百分之一的上场机会，他也会做好百分之百的准备；比赛结束后，他会独自在场上加练。

他知道，这一切不是为了自己，他必须在短暂的时间内贪婪地吸收一切养分。

首秀时刻：团队精神与自我价值

在 2023—2024 赛季 CBA 常规赛北控男篮主场的最后一战，矣进宏终于迎来了自己的首秀。第四节比赛还有 6 分 57 秒时，矣进宏被替换上场。矣进宏上场后连连得分，全场球迷热烈欢呼。比赛结束后，队友们兴奋地欢呼，并把他抛向空中。那一刻，他赢得了所有人的尊重。

但矣进宏还是觉得有愧于球队，他总觉得自己没有什么贡献，特别是在自己擅长的扣篮大赛上，因为伤病无法取得成绩。

未来之路：传承信念与回馈社会

除了自我实现，或许矣进宏最开心的事就是学有所成。他不止一次说过，希望自己未来成为一名篮球教练，把所学的专业知识回馈给热爱篮球的少年们。

或许在未来的某个时刻，当某个男篮的希望之星在接受采访时会说："我的一切都离不开我的老师矣进宏教练。"

那一刻，矣进宏会露出欣慰的笑容，因为他知道，自己的梦想已经开花结果，在一代代热爱篮球的少年身上传承下去。

矣进宏用自己的拼搏和努力，把梦想写进了现实。而这个梦想，不仅仅属于他一个人，更属于所有为梦想奋斗的人。

明体达用

矣进宏的故事不仅仅是一个"草根"球员逐梦职业篮球联赛的传奇，更是对梦想、坚持和奉献的生动诠释。矣进宏用他的行动告诉我们，梦想的力量是无穷的，只要我们坚持不懈、勇往直前，就一定能将梦想变为现实。我们应该从他的经历中汲取力量，勇敢追梦，不懈奋斗，注重团队合作，树立社会责任感，为实现自己的梦想而努力。

首先，矣进宏的故事告诉我们，梦想的力量是无穷的。尽管出身贫寒，条件有限，但矣进宏从未放弃过对篮球的热爱和追求。为了打好篮球，他付出了常人难以想象的努力，用沙袋、蛙跳等方式锻炼身体，终于完成了扣篮的梦想。这种不屈不挠的体育精神，这种为梦想不懈奋斗的毅力，值得每一个有梦想的人学习。

　　其次，矣进宏的经历启示我们，成名不是目的，梦想的实现才是追求的方向。当他凭借出色的扣篮视频成为网红后，高额的商业合同向他涌来，他却拒绝了。因为他明白，金钱和名利不是他的追求，他真正想要的是为家乡的篮球事业做贡献，为热爱篮球的孩子们创造机会。这种淡泊名利、志存高远的情怀，在当今社会尤为难能可贵。

　　再次，矣进宏加入职业球队后的表现，体现了他对梦想的执着和对团队的奉献。尽管只有百分之一的上场机会，他也会做好百分之百的准备。因为他明白，职业联赛不仅仅是个人的舞台，更是团队的舞台。这种无私奉献的精神，这种对梦想永不放弃的执着，让他赢得了所有队友的尊重。

　　最后，矣进宏的未来规划，展现了他的社会责任感和家国情怀。他希望未来能成为一名篮球教练，把在职业联赛中学到的专业知识传授给家乡的孩子们。这种"取之社会，用之社会"的意识，这种为国为民的情怀，正是当代大学生应该具备的品质。

　　总之，矣进宏的故事，不仅仅属于他一个人，更属于所有为梦想奋斗的人。作为当代大学生，我们应该以他为榜样，树立远大的理想，坚定不移地追求梦想，在奋斗中锤炼意志，在奉献中实现自我。让我们携手前行，用青春和汗水，共同铸就中华民族伟大复兴的中国梦。

古城少年的武侠梦：肖关纪

西安，这座历史悠久的古城，见证了无数传奇的诞生。1963 年 9 月 25 日，当第一缕阳光照进这座城市的时候，一个名叫肖关纪的男孩呱呱坠地。他还不知道，自己将在这片土地上，谱写一段武术传奇。

肖关纪出生在一个普通的家庭，但他的人生，注定不会平凡。因为在这个男孩的血液中，流淌着对武术的无限热爱。

师徒情深

肖关纪的武术之路，始于一个偶然的机会。那一天，他遇到了武术大师谭应奎。谭大师看中了这个男孩的天赋，决定收他为徒。

从此，肖关纪走进了武术的世界。在谭大师的严格教导下，他开始学习那些古老而神秘的武术技艺。拳法、腿法、步法……每一个动作，都需要反复练习，直至达到极致的准确与流畅。

但谭大师教给肖关纪的，不仅仅是拳脚之术，更重要的，是武术之外的东西——武德。谭大师常说："习武之人，必先修身。"他教导肖关纪，武术不仅仅是一种技艺，更是一种精神、一种哲学。

在谭大师的影响下，肖关纪不仅武艺精湛，还养成了谦逊、勇敢、坚韧的品格。这些品格，成为他日后走向成功的基石。

汗水铸就梦想

肖关纪的童年，是在练武中度过的。每天清晨，当第一缕阳光照进古城，他已经在练武场上挥洒汗水。

一遍遍地练习基本功，一次次地挑战自己的极限，肖关纪在汗水中成长。他的身影，仿佛与古城的朝阳一同跃动，充满了无尽的活力与希望。

1976 年的夏天，13 岁的肖关纪迎来了人生的第一个转折点。他被选入陕西省武术队，开始了更为严格的集训。

在省队，肖关纪遇到了来自各地的武术精英。他们每个人都怀揣着对武术的无限热爱和对荣誉的渴望。与这些强手相比，肖关纪并不是最出色的一位，但他展现的超乎常人的毅力和决心让教练刮目相看。肖关纪用汗水浸透了练武场，用坚韧铸就了自己的武术梦想。

失败的滋味

1983 年，肖关纪迎来了人生的第一次大考验。他代表陕西队，参加了在郑州举行的第五届全运会预赛。

那是一场全国武术高手云集的盛会。每一次出拳，每一次腾挪，都是对自我极限的挑战。肖关纪在赛场上展现了他的勇气和技巧，但紧张的气氛和对手的强劲实力，让他未能进入决赛。

失败的滋味是苦涩的，但肖关纪没有被打败。他知道，失败不是终点，而是通向成功的另一个起点。他将这份遗憾，转化成了新的力量。

绝地反击

失败后的肖关纪，更加努力地训练。他明白，只有不断超越自我，才能在武术的道路上走得更远。

汗水，再次成为他最忠实的伴侣。日复一日，年复一年，肖关纪的武艺不断精进。

1987 年，杭州，第六届全运会武术套路预赛。这一次，肖关纪没有让机会溜走。他与赵长军、罗卫一起，将男子三人徒手对打拳套路演绎得淋漓尽致。他们的默契配合，赢得了评委和观众的一致赞誉。

他们获得了最高分，也获得了决赛入场券。肖关纪知道，这一次，他离梦想更近了一步。

梦想照进现实

决赛那天，肖关纪、赵长军、罗卫成为全场的焦点。观众的助威声，成为他们最强大的后盾。

肖关纪感受到了前所未有的力量。他的每一次跳跃，都充满了力量；他的每一次击打，都准确无误。在赛场上，他仿佛化身为一条矫健的龙，所向披靡。

最终，肖关纪和他的队友们，战胜了所有对手，赢得了金牌。那一刻，肖关纪的眼中充满了泪水。他知道，这不仅仅是对自己多年刻苦训练的肯定，更是对他武术梦想的最高礼赞。

传奇永不落幕

肖关纪的故事，就像西安这座历经数百年风雨依然屹立不倒的城市一样坚韧不拔。他的坚持和努力，成就了他在武术领域的卓越地位，也为后来的武术爱好者树立了榜样。

他的金牌，不仅仅是个人的荣耀，更是中华武术文化的骄傲。它告诉我们，武术不仅仅是一种运动，更是一种精神。它教会我们坚持、勇气、谦逊和自律。

今天，当我们回望肖关纪的传奇人生，我们看到的，是一个普通人通过努力实现梦想的励志故事。他的经历告诉我们，无论出身如何，只要我们怀揣梦想，坚持不懈，终会创造奇迹。

肖关纪的传奇，还在继续。因为他的精神，已经深深地植根在后来者的心中。一代代武术爱好者，正在继承和发扬他的精神，将中华武术文化传递下去。

在西安这片古老的土地上，肖关纪的传奇，永不落幕。

明体达用

1. 天赋与努力并重

肖关纪的故事告诉我们，天赋固然重要，但努力更为关键。肖关纪虽然有着武术天赋，但如果没有日复一日的刻苦训练，他不可能取得如此卓越的成就。这启示我们，无论在什么领域，我们都不能仅仅依赖天赋，而是要通过不断的努力，将天赋转化为实实在在的能力。

2. 师徒关系的重要性

肖关纪的成长，离不开谭应奎大师的悉心教导。谭大师不仅传授他武艺，还教会他做人的道理。这种师徒关系，不仅存在于武术之中，也存在于我们生活的方方面面。这启示我们，在人生的道路上，我们要懂得尊师重教，要虚心向师长学习，不仅学习知识技能，还要学习为人处世的智慧。

3. 失败是成长的阶梯

肖关纪在第五届全运会预赛中的失利，并没有击垮他，反而成为他进步的动力。这启示我们，失败并不可怕，可怕的是面对失败时消极的态度。如果我们能像肖关纪一样，将失败视为成长的阶梯，从失败中吸取教训，那么我们就能不断进步，最终到达成功的彼岸。

4. 团队合作的力量

肖关纪在第六届全运会上的金牌，不仅是他个人的荣誉，也是团队合作的结晶。这启示我们，在现实生活中，很多时候我们需要团队的力量。只有每个人都发挥自己的特长，互相配合，才能实现共同的目标。

5. 文化传承的意义

肖关纪的成就，不仅仅是个人的成就，更是中华武术文化的成就。他的故事，激励着一代代武术爱好者将中华武术文化传承下去。这启示我们，每个人都有责任将我们民族的优秀文化传递下去。无论是中华武术文化还是其他传统文化，我们都应该努力学习，并将其发扬光大。

6. 梦想的力量

肖关纪的故事，最终告诉我们梦想的力量。正是因为肖关纪有一个武术梦，他才能在困难面前不屈不挠，才能最终实现自己的梦想。这启示我们，每个人都应该有一个梦想，因为梦想能给我们指引前进的方向，带来前进的动力。只要我们坚持梦想，脚踏实地，在追逐梦想的路上不断学习、不断进步，就一定能创造奇迹。

舞龙守艺人：何健

在浩瀚的历史长河中，在广袤的中华大地上，关于龙的传说世代流传。龙，这个神圣的图腾，是中华民族的历史传承，它象征着吉祥、尊贵、勇敢和力量，已然融入中华民族的血脉，成为我们民族精神的象征。

舞龙，这一独特的文化瑰宝，更是凝聚了中华儿女的智慧与创造力。它起源于上古时期，最初是为了祭祀龙神，祈求风调雨顺，随着岁月流转，舞龙逐渐发展成为一种艺术形式，在民间广为流传。然而，在现代社会的喧嚣中，这个古老的传统文化似乎正在渐渐失去它的光彩。

热爱，舞龙的梦

在云南曲靖，有一个叫何健的人，他用热爱和坚持，为舞龙运动注入了新的生命力。1984年出生的何健，在成都体育学院学习民族传统体育专业时，就种下了一个舞龙的梦。2006 年，他毕业回到家乡，成为一名体育教师。大学里学到的知识，点燃了何健传承舞龙文化的热情。他想，孩子们应该接触更多的中国传统文化，而舞龙，就是最好的载体。

何健的梦想，从一支舞龙队开始。他在学校里招募学生，不挑剔天赋，只要热爱，就欢迎加入。十几年来，何健一直坚持免费教学，他从不喊苦喊累，因为这是他的梦想、他的追求。功夫不负有心人，在何健的努力下，舞龙队舞得越来越好，学生们的技艺日益精进，他们的表演开始在各种场合亮相。

传承，使命在肩

2019 年，何健被确定为曲靖市非物质文化遗产传统民俗技艺舞龙传承人。这既是对他多年付出的肯定，也是他的沉甸甸的责任。何健深知，舞龙要发展，要传承，不能仅仅局限于校园。于是，他又在曲靖的成年人中组建了两支舞龙队。他希望，通过更多人的参与，舞龙能真正地"活"起来。

传承，从来都不是一件容易的事。它需要付出，需要坚持，需要一代代人的努力。何健无怨无悔，因为他知道，自己正在做一件有意义的事。在他的努力下，舞龙在曲靖焕发了新的生机。越来越多的人开始了解舞龙，参与舞龙。这个古老的传统，正在现代社会焕发新的光彩。

文化，薪火相传

龙，是中华民族的象征。舞龙，是中华文化的瑰宝。何健，就是千千万万个文化传承人中的一个代表。是他们的坚守，让我们得以延续民族的根脉；是他们的付出，让我们得以传承文化的基因。

让我们向何健、向所有为文化传承奉献的人致敬。让我们一起，用我们的热爱和行动，让舞龙这个古老的传统在现代社会焕发新的光彩。让更多的人了解舞龙，参与舞龙，让"龙的传人"的豪情永远在华夏大地上传颂。

文化的传承，需要一代代人的努力。让我们携手，成为文化传承事业中的一分子，让中华文化在我们的手中绽放出更加绚丽的光彩。让我们自豪地说：我们是龙的传人，我们是文化的守护者。

明体达用

1. 传承的意义

何健致力于舞龙文化的传承，这不仅是他个人的追求，也是他对民族传统文化的一种责任。通过他的努力，更多的年轻人接触到了舞龙这一传统艺术，中华文化得以在新的时代延续。这启示我们，每个人都有责任去传承我们的文化遗产。文化的传承，需要一代代人的努力。

2. 奉献的精神

何健组建舞龙队、免费教学，为舞龙的传承和推广付出了大量的时间和精力。这种无私的奉献精神，值得我们每个人学习。这启示我们，真正有意义的事业，往往需要我们付出，需要我们奉献。只有心怀大爱，才能成就大业。

3. 文化自信的重要性

何健对舞龙文化的热爱和推广，实际上是一种文化自信的表现。他相信，中华优秀传统文化是我们的宝贵财富，值得我们去传承和弘扬。这启示我们，文化自信是一个民族屹立于世界民族之林的根基。我们要对自己的文化有信心，要勇于去传播我们的文化。

4. 从小事做起的道理

何健的舞龙推广，始于一支小小的学校舞龙队，但就是从这里开始，他逐步推动了舞龙在曲靖的传承和发展。这启示我们，任何大事业的成就，都始于一个小小的开始。我们不要小看任何一件小事，因为它可能就是通向成功的第一步。

何健的故事让我们相信，每个平凡的人，都有能力去创造不平凡的事业。让我们以何健为榜样，在自己的人生道路上去追寻梦想，去坚持努力，去传承文化，去奉献社会。相信通过我们的不懈努力，我们一定能在自己的领域里，创造出属于自己的辉煌。